Hanspeter Oschwald

Einer gegen die Mafia

HERDER / SPEKTRUM

Band 4598

Das Buch

Sein PKW ist mit tonnenschweren Panzerplatten ausgerüstet. Jahrelang schlief er jede Nacht an einem anderen Ort, zeitweise nur in Kasernen. Seit über zwölf Jahren lebt Leoluca Orlando, der prominenteste Anti-Mafia-Kämpfer, unter den höchsten Sicherheitsvorkehrungen, die für einen Politiker denkbar sind. Er hat seine persönliche Wahl getroffen und sich auch politisch zur Wahl gestellt. Nur politisch, das ist sein Credo, kann „der Krake" beseitigt werden. Orlando ist eine Ausnahmeerscheinung von Anfang an. Nach einem glänzend absolvierten Studium – unter anderem auch in Deutschland – standen diesem Mann aus bester Familie alle Karrieren offen. Er entschied sich für die gefährlichste und wurde Bürgermeister jener Stadt, die zum Synonym für den umfassenden Einfluß der Mafia geworden war. Heute steht sein Name für den „Frühling von Palermo" und für die Hoffnung, daß die Mafia besiegbar ist. Ein positiver Held, zivilcouragiert, Vorbild weit über die Grenzen Italiens hinaus: Leoluca Orlando, der in der Democrazia Cristiana begann und zum Erzfeind von Giulio Andreotti wurde, ist heute, weltweit, in allen Medien präsent – und nicht nur, weil er dafür berühmt ist, kein Blatt vor den Mund zu nehmen und brisante Wahrheiten offen auszusprechen. Oschwalds spannende Biographie eines mutigen Lebens ist auch die Geschichte der Wandlung einer Familie – und eines ganzen Landes. Wie Leoluca Orlando sich dazu entschloß, das gefährliche Leben eines „Anständigen" zu führen, ein aufreibendes Leben, das ihn ins Europa-Parlament nach Straßburg und in alle populären Medien brachte, ja zum Inbegriff eines „Helden unserer Zeit" machte – dem spürt Hanspeter Oschwald nach, den nicht nur seine langen Korrespondentenjahre in Italien, sondern auch lange, intensive Gespräche mit Leoluca Orlando zu *dem* Biographen prädestiniert haben.

Der Autor

Hanspeter Oschwald, geb. 1943 in Waldkirch, Auslandschef beim Nachrichtenmagazin FOCUS, hat 23 Jahre für die dpa gearbeitet, davon sechs Jahre in Italien. Bei Herder/Spektrum: Abbé Pierre (Band 4415); Giulio Andreotti – Aufstieg und Fall eines Mächtigen (Band 4519). Zahlreiche Beiträge für Rundfunk und Fernsehen. Lebt in München.

Hanspeter Oschwald

Einer gegen die Mafia

Leoluca Orlando,
Bürgermeister von Palermo

Herder
Freiburg · Basel · Wien

Gedruckt auf umweltfreundlichem,
chlorfrei gebleichtem Papier

Originalausgabe
Alle Rechte vorbehalten – Printed in Germany
© Verlag Herder Freiburg im Breisgau 1997
Herstellung: Freiburger Graphische Betriebe 1997
Umschlaggestaltung: Joseph Pölzelbauer
Umschlagmotiv: Franco Zecchin/Focus
ISBN 3-451-04598-2

Inhalt

1. Ein Leben hinter Panzerglas 7
2. Eine Ausnahme von Anfang an. 12
3. Ein später 68er in Heidelberg. 22
4. Die erste Morddrohung 31
5. Erste politische Erfahrungen mit der Mafia . . 36
6. Ein siegreicher Verlierer 40
7. Der Anfang vom Ende der alten DC 53
8. Der Dichter und die Mafia-Karrieristen 61
9. Der Erzfeind Andreotti 63
10. Ohrfeige für einen Freund 73
11. Intrigen und Angriffe von allen Seiten 76
12. Abschied von der Christdemokratie 95
13. Der Frühling von Palermo 99
14. Das Ende einer Amtszeit 108
15. La Rete und die Erneuerung Italiens 113
16. Der internationale Star 126
17. Die Rivalen im Kampf um die Erneuerung . . 132
18. Der katholische Protestant 141
19. Mafioses gibt es überall 147
20. Der größte Wahlsieg 151
21. Mafia, Europa und die Industrie. 154
22. Der Tod eines Carabiniere. 160
23. Es wird einsam um den Bürgermeister 167
24. Das Trauma vom Lungenkrebs 181
25. Ein moderner Friedrich II. 185

1. Ein Leben hinter Panzerglas

Kurz vor Mitternacht. Landeanflug auf Palermo. Ein Sturm schüttelt die MD 80 der Alitalia. Leicht zur Seite gezerrt landet sie schließlich auf dem Punta-Raisi-Flughafen der sizilianischen Metropole. Beinahe hätte sie wegen des starken Scirocco, des Wüstenwindes aus Afrika, der regelmäßig über das Mittelmeer fegt, in Catania landen müssen, nicht nur ein logistisches Problem für die Fluggesellschaft und die Passagiere. Vor allem ein Mann in der vordersten Reihe hätte fieberhafte Aktivitäten auslösen müssen, um sicher ans Ziel zu kommen.

Der Mann ist Bürgermeister von Palermo, um den sich außerhalb seiner 700 000 Einwohner zählenden Stadt niemand besonders interessiert hätte, wenn es sich nicht um Leoluca Orlando gehandelt hätte. Der knapp 50jährige wurde in wenigen Jahren so berühmt wie die Staatsanwälte Giovanni Falcone und Paolo Borsellino. Beide wurden 1992 von der Mafia in die Luft gesprengt. Beide waren die wohl berühmtesten Mafia-Jäger.

Orlando verbindet mit ihnen nicht nur der Tatort, Palermo. Er bekämpft ebenso konsequent die Mafia, aber mit ganz anderen Methoden. Er versucht ihr die Lebensgrundlage zu entziehen. Er will sie austrocknen. Als Mittel sieht Orlando nur die Politik. Eines hat er, der selbst aus Palermo stammt, schon früh erkannt: „Nur dort, wo der Staat versagt, wo ein Machtvakuum entsteht, hat die Mafia eine Chance."

Den leibhaftigen Beweis findet Orlando jeden Tag auf

dem Weg in den Palazzo delle Aquile, dem Adlerpalast, Palermos Rathaus, oder in die Villa Niscemi, der Bürgermeisterresidenz. Er findet ihn aber auch in dieser Nacht bei der Fahrt vom Flughafen in die rund 30 Kilometer entfernte Stadt.

Gleich am Fuß der Gangway erwartet ihn eine Fiat-Croma-Limousine, umgeben von mehreren Sicherheitsfahrzeugen und schwerbewaffneten Polizisten. Der Croma, ein für italienische Verhältnisse besserer Mittelklassewagen, liegt schwer auf dem Asphalt. Er wiegt immerhin drei Tonnen. Wenn sich die Seitenscheiben mal kurz senken, sieht selbst der oberflächliche Beobachter warum. Eine fünf Zentimeter dicke Scheibe versinkt langsam in die Türverkleidung. Ohne solchen Schutz wäre Orlando vermutlich längst erschossen oder zerbombt worden. Die Mafia spaßt nicht mit ihren Gegnern.

Der Scirocco bläst weiter über die Küstenstraße. Die Sizilianer haben sich daran gewöhnt, auch daran, daß selbst die gewaltigsten Wüstenstürme, die mitten im Winter die Temperaturen auf nahezu 30 Grad steigen lassen, das Wetter nicht bereinigen. Am nächsten Morgen wird es so sein, wie so oft. Trügerisch warm, aber keine Sonne. Alles bleibt grau in grau. Vielleicht fallen auch ein paar Regentropfen.

Sonniger Süden, Sizilien, die Insel unter ewig azurblauem Himmel, so steht es in den Reiseprospekten, und es stimmt ja auch, jedenfalls für jene Monate von Mai bis Oktober, in denen sich die Touristen ein Stelldichein geben. Alle Völker des Abendlandes haben auf Sizilien ihre Spuren hinterlassen. Eine Reise über die Insel gleicht einer Reise durch die ganze Geschichte Europas.

Orlandos Wagenkolonne passiert den Ort Capaci, wenige Kilometer nur noch bis Palermo. Mitten im Gespräch hält der Bürgermeister inne. „Hier war es. Hier wurden Falcone und seine vier Begleiter in die Luft gesprengt", sagte Orlando leise. Für einen Augenblick verstummt dann das Gespräch im Wageninneren. Nicht einmal das allgegenwärtige Handy, Orlandos liebstes Arbeitsgerät, stört. Er und vielleicht auch die beiden Sicherheitsleute am Steuer und auf dem Beifahrersitz denken daran, daß genau jetzt hier oder irgendwo auf den noch vor ihnen liegenden Kilometern auch auf sie eine Sprengladung unter der Autobahndecke warten kann.

Das Fahrzeug biegt in die Via della Libertà ein, eine Hauptachse Palermos. Draußen huschen häßliche Wohnblöcke vorbei. Wer nicht Bescheid weiß, denkt sich nur, daß Palermo, warum auch?, keine Ausnahme im modernen Städtebau macht. Am Stadtrand wurden nicht nur in der sizilianischen Metropole jahrzehntelang die gleichförmigen, langweiligen, lieblosen Blöcke hochgezogen, um die Wohnungsnot in den Griff zu bekommen.

Orlando sieht hinter den langweiligen Fassaden etwas anderes. Er kennt die Via della Libertà noch aus jener Zeit, als noch nicht mafiose Bürgermeister den städtebaulichen Raubbau gefördert hatten. Man spürt, wie sehr ihn die Häßlichkeit empört: „Innerhalb von wenigen Monaten wurden hier zu Zeiten des Mafia-Bürgermeisters Ciancimino wunderschöne Villen aus der Zeit der Jahrhundertwende abgerissen, um Platz für die Mafia und ihre Bodenspekulation zu machen. Palermo hat damals, in den 60er Jahren, einen Teil seines Gesichtes verloren."

Orlandos Zorn ist verständlich. Auch solche Erinnerungen waren es, die den jungen Rechtsanwalt Leoluca Orlando motiviert hatten, dem Kampf gegen die Mafia sein Leben zu widmen. Koste es, was es wolle.

Einen Trost findet er in dieser Nacht auf dem Weg zur Via Dante 159 doch noch. Dort steht die Villa der Familie Orlando, seine Wohnung. Auf diesen Trost kommt der Außenseiter nicht so ohne weiteres. Der Fremde versteht ihn kaum: Auf den Straßen flanieren zu Orlandos Freude junge Leute. Palermo sieht eben um diese Stunde aus wie die meisten mediterranen Großstädte: voller Leben. Luca, wie seine Anhänger Leoluca Orlando rufen, strahlt für einen Moment. Er strahlt sogar über den dichten Verkehr und die Staus, an denen er mit Martinshorn und Blaulicht im Zickzackkurs vorbeidirigiert wird.

Die verstopften Straßen erinnern ihn an Frankfurt, von wo er an diesem Abend über Mailand gekommen war. Dort hätte er beinahe das Flugzeug verpaßt, weil selbst die Polizei auf der Autobahn zum Rhein-Main-Flughafen im dichten Verkehr kaum durchgekommen war. „Palermo wird langsam wie jede normale europäische Großstadt", kommentiert der Oberbürgermeister. Das ist sein Trost. Wenn Palermo nur noch die Probleme jeder Großstadt hat, dann wird es nicht mehr die gemiedene Hochburg der Mafia sein.

Ein seltsamer Bürgermeister in einer rätselhaften Stadt, wo lästige Selbstverständlichkeiten Augen zum Strahlen bringen.

Vor wenigen Jahren noch war die Metropole um diese Zeit wie ausgestorben. Die Menschen blieben nachts daheim. Sie hatten Angst. Die Mafia hatte die Stadt im Griff ihrer Willkür.

Das ändert sich langsam. Der Wandel hat einen Namen: „Primavera di Palermo", der „Frühling von Palermo". Für die Sizilianer klingt das ebenso wie für die Mitteleuropäer der Frühling von Prag: Er verheißt den Anfang vom Ende eines Systems, wenn auch nicht dessen unmittelbar bevorstehendes Zusammenbrechen.

Für diesen Frühling von Palermo, der die zweite Hälfte der 80er Jahre benennt, steht ein Name: Leoluca Orlando. Am 1. August 1947 in Palermo geboren, Sohn eines der bekanntesten Anwälte und Hochschulprofessors und einer Mutter aus ältestem sizilianischem Adel, Klassenprimus von der Volksschule bis zum Juraexamen, Aufsteiger und Hoffnungsträger der Christdemokraten, der 1985 zum ersten Mal Oberhaupt der Stadt Palermo wurde. Heute ist dieser Name ein Synonym für den Kampf gegen die Mafia.

2. Eine Ausnahme von Anfang an

Sommer 1947, der vierte Nachkriegssommer Italiens. Die Familie Orlando wohnt zusammen mit einer Schwester von Vater Salvatore Orlando Cascio in einer geräumigen, großbürgerlichen Villa mitten in Palermo. Cascio hat sich Professor Orlando zusätzlich zu seinem eigentlichen Familiennamen genannt. Es gibt in der Hauptstadt Siziliens zu viele Orlandos, außerdem ist ein Namensvetter auch noch Rechtsanwalt. Cascio ist der Geburtsname seiner Mutter.

Professor Orlando ist an diesem Abend nervös. Seine Frau ist hochschwanger, und die Geburt soll im Haus stattfinden. Um Mitternacht dieses 1. August ist es dann soweit. Frau Orlando, Nachfahrin eines alten sizilianischen und eines uralten italienischen Adelsgeschlechts, bringt ihr viertes Kind zur Welt. Es ist ein Junge, endlich ein Stammhalter. Vier weitere Geschwister sollten noch folgen. An Empfängnisverhütung dachte niemand. Erstens war die Familie erzkatholisch, und zweitens konnte sie sich Kinderreichtum leisten. Die Orlandos waren, wie man so zu sagen pflegt, wohlhabend.

Der Vater leitete als Dekan die juristische Fakultät der Universität von Palermo. Seine Familie stammte ursprünglich von Bauern aus dem Inneren Siziliens ab. Dort und in der Gegend von Corleone, der berühmtberüchtigten Hochburg der Mafia, haben die Orlandos noch heute weite Ländereien. Seit Generationen stellten die Orlandos Rechtsanwälte und arbeiteten sich zur neuen Geld-Aristokratie des Großbürgertums hoch. Als Rechtsanwalt gehörte Salvatore Orlando zu den angesehensten Vertretern dieser Zunft in ganz Sizilien, was später nicht nur seine, sondern auch den Ruf seines gerade erst geborenen Sohnes ankratzen sollte.

Orlando sen. vertrat jeden, der ihn bezahlen konnte. Große Grundbesitzer waren dabei, aber vermutlich auch große Gauner, Mafiosi nicht ausgeschlossen. Ganz ausschließen kann dies niemand. Doch besonders wahrscheinlich ist es auch wiederum nicht. Orlando war Zivilrechtler und hat nie eine Strafverteidigung übernommen. Und in Zivilstreitereien bemühte die Mafia kaum Anwälte und Gerichte. Das regelte die „Ehrenwerte Gesellschaft" unter sich selbst. Außerdem hat Orlandos Vater nach der Versicherung seines Sohnes „nie Politik betrieben, hatte nie ein Wahlamt inne und war auch nie Kandidat für eines".

Die Ehe mit der uradligen Signora Eleonora Camerata, in deren Familienpalast heute das Rathaus von Corleone untergebracht ist, schien manchem Sturm ausgesetzt zu sein, hatte die Adelige doch nicht standesgemäß geheiratet. Einige Jahrhunderte aristokratischer Lebensform mit ihrer ganzen Überheblichkeit waren durch eine Hochzeit nicht so leicht abzustreifen. Die Signora hielt ihrem Gatten deshalb wiederholt seine bürgerliche Herkunft vor.

Dabei hatte sie keinen Grund, meint jedenfalls Sohn Leoluca. „Die Heirat hat die Familie wenigstens vor der Dekadenz des übrigen Adels der Insel bewahrt."

Orlando muß es wissen. Dekadenz wäre sicherlich das letzte, was ihm selbst die schärfsten Kritiker vorzuwerfen hätten. Arroganz dagegen hat er bei der Erbschaft nicht völlig verschmäht. Davon ist ein ordentliches Maß auf ihn übergekommen.

Schon der kleine Luca war ein besonderes Kind. Und das nicht nur aus der Sicht der Eltern, die in Sizilien noch stolzer und damit blinder für Schwächen und Stärken ihres Stammhalters sind als Väter anderswo auf dieser Welt. Leoluca war und ist in allem anders als alle anderen.

Schon gleich nach der Geburt stürzte er seine Eltern in tiefe Sorgen. Er erkrankte an einer schweren Lungenentzündung. Das erste Kind der Orlandos, ebenfalls ein Junge, war daran wenige Tage nach der Geburt gestorben. Nur die beiden folgenden Mädchen kamen gesund zur Welt. Sollte jetzt auch dieser Junge nicht lange überleben?

Die Orlandos setzten alle Hebel in Bewegung, um dem Kleinen zu helfen. Ein Jahr zuvor war das Penizillin erfunden worden. Es könnte helfen. Doch wie das in Italien noch nicht erhältliche Medikament besorgen? Die Beziehungen der Familie zum Vatikan waren die letzte Rettung. Und über die Apotheke des Kirchenstaates in Rom konnte tatsächlich das lebensrettende Mittel nach Palermo geholt werden.

Üblicherweise geben traditionsbewußte sizilianische Familien ihren Stammhaltern den Vornamen des Großvaters. Doch den trug der bereits früh verstorbene Erstgeborene. Leoluca hieß der Großvater mütterlicherseits. Auf diesen in Italien seltenen Doppelnamen wurde das Kind getauft, fast eine programmatische Namengebung. Leoluca ist der Ortsheilige von Corleone. Nur noch Vito Valenzia in Kalabrien hat diesen Heiligen zum Schutzpatron. Wer nach ihm benannt ist, trägt so etwas wie ein Stigma des tiefsten und des mafiosen Südens.

Viele Italiener tragen goldene Kreuzchen auf der Brust, manche gleich mehrere. Leoluca hat am Goldkettchen eine goldene Plakette, ähnlich einer Erkennungsmarke von Soldaten, nur kleiner. Darauf steht lateinisch „Situs vicerum versus – Bei ihm ist alles seitenverkehrt." Leoluca Orlando trägt das Herz rechts. Der ganze Körper ist spiegelverkehrt.

Entdeckt hat diese Besonderheit ein Röntgenarzt schon in Lucas frühester Kindheit. Beinahe hätte er es nicht glauben wollen. Zuerst meinte er nach einer Röntgenaufnahme den Film falsch herum eingelegt zu haben, bis ihn eine genauere Leibesuntersuchung von der biologisch verkehrten Welt des kleinen Patienten überzeugte.

Die Erkenntnis überschattet die ganze Kindheit. Leoluca gilt als anfällig für alle möglichen Krankheiten und muß sich ständig die Ermahnungen seiner Eltern anhören. Die Warnung „Vorsicht, Luca, du bist krank gewesen" prägte sich dem Jungen tief ins Gedächtnis ein. „Ich habe immer in Todesangst gelebt", bekannte er später, als eine ganz andere tödliche Bedrohung auf ihn zukam, die durch die Mafia. Vielleicht hat er sie deshalb so verinnerlicht, daß er fast selbstverständlich mit ihr zu leben begann. Doch darüber später.

Wenn er von seinen Ahnen spricht, unterscheidet Leoluca drei Linien: die ländliche Herkunft des Vaters, den alten Adel und den uralten Adel der Mutter. Ein Teil der mütterlichen Familie ist die der Marchesen, der Markgrafen, von Arezzo. Sie führen sich bis auf die altrömische Aristokratie zurück, also gute zwei Jahrtausende. Ein Urahn dieser Seite war der Signore von Celano. Die Familiengeschichte berichtet, daß der heilige Franziskus ihn besucht und ihm den baldigen Tod vorhergesagt habe. In der Franziskusbasilika des mittelitalienischen Wallfahrtsortes Assisi hat Giotto die Begegnung auf vier Bildern verewigt und so einen Teil von Orlandos Familiengeschichte in die Kunstgeschichte eingebracht.

Ein anderer Ahnherr aus der blaublütigen Linie war gar der erste königliche Biograph der Geschichte, so jedenfalls beansprucht es die Familiensaga. Nachweislich war er der offizielle Biograph von König Karl V. Dieser fand an den wohlgefälligen Worten seines Hausschreibers so viel Gefallen, daß er ihn mit Titeln, Geld und Ländereien reichlich beschenkte und damit den Grundstein für den Wohlstand der ganzen Familie legte.

Die um einige Jahrhunderte jüngere Linie als die aus der Toskana waren die Barone von Corleone, die Familie Camerata. Die Bewohner Westsiziliens, die mit der Familientradition vertraut sind, staunen immer wieder über zwei berühmte Söhne aus ein und demselben Ort: Der Boß des Clans der Corleonesi, der berüchtigte Mafia-Capo Toto Riina und der prominenteste Anti-Mafia-Politiker Leoluca Orlando. Beider Vorfahren haben sicher anders miteinander verkehrt als der Obermafioso und der Anti-Mafia-Politiker heute. Auszuschließen ist jedenfalls nicht, daß Orlandos Vorväter als Großgrundbesitzer die Mafia ihrer Zeit als Ordnungshelfer benutzt haben. Statt der Polizei setzten die Barone der großen Ländereien die Mafia gegen das verbreitete Banditentum auf der Insel ein. Der Enkel hat die Front radikal gewechselt.

Wie reich die Familie mütterlicherseits mal war, schildert Leoluca am Beispiel seiner Cousins. Als deren Eltern starben und das Erbe verteilt werden sollte, veranstalteten alle sieben Kinder ein großes Familienfest mit einer Tombola. Durch sie wurde alles verteilt, vom Tafelsilber bis zu Ländereien. Zwei zogen Nieten und gingen leer aus. „Soviel Übermut kann sich heute niemand mehr leisten. Auch meine Cousins sind inzwischen viel ernsthafter geworden."

Leolucas Mutter verliebte sich bei gesellschaftlichen Veranstaltungen des „Palermo bene", der besseren Gesellschaft Palermos, in den erfolgreichen Anwalt Salvatore und war nach den Worten ihres Sohnes Leoluca „bald eine treue und dem Familienleben ergebene Ehefrau, Mutter und Großmutter", obwohl sie dafür einen recht hohen Preis bezahlte. Salvatore Orlando war nicht nur katholisch, er war nach den Worten des Sohnes geradezu bigott. Die Mutter dagegen sehnte sich nach Abwechslung, nach Lebenslust, auch nach Abenteuern.

Ein ganzes Leben lang konnte sie davon nur träumen. Erst als die sieben Kinder groß und die modernen Enkel auch in Sizilien nicht mehr so an der Nonna, der Oma, hingen, erfüllte sie sich ihre Wünsche auf ganz besondere Weise. Sie schrieb mit siebzig Jahren einen Roman. Abwechselnd gebrauchte sie die italienische, die französische und die englische Sprache, um schon durch diese Variationen die Vielfalt ihrer Phantasmen auszumalen. „I Rhododendri dell' Sussex", „Die Rhododendren von Sussex", beschreiben drei Tage im Leben einer Frau, die in 72 Stunden mehr Liebhaber verbraucht als andere in ihrem ganzen Leben. „Dieses Leben hat sie eigentlich führen wollen", interpretiert der Sohn die literarische Hinterlassenschaft seiner Mutter. Vor dem Tod holte sie dichtend nach, was ihr das Leben vorenthalten hatte.

Wer solche Vorfahren hat, wächst in einer Welt auf, in der sich viele Fragen gar nicht erst stellen. Geld bedeutet für Leoluca nie etwas. Er hängt an den Dingen, die einen konkreten Wert darstellen, zu denen er eine Beziehung hat, Erinnerungen, Identifikationen, einen Sinn oder einen Zweck erfüllen. Aber Geld? Es hat ihm nie gefehlt. Er hat immer gehabt, was er brauchte. „Geld hat man, man redet nicht darüber", meint Orlando. „Ich könnte Ihnen leicht Geld geben, aber es würde mir schwerfallen, eine nebensächliche Kleinigkeit von meinem Schreibtisch zu schenken."

Für „Luca", wie Leoluca schon als Kind gerufen wurde, war es selbstverständlich, daß er die bestmögliche Erziehung genoß. Das hieß damals – und in diesem Ambiente noch heute –, er wurde von Jesuiten erzogen. Dafür gab es in Palermo nur eine Adresse: das Gymnasium Gonzaga.

Standesgemäß wurde das Kind zunächst privat daheim unterrichtet. Als der Vater aber eines Tages von einem Besuch auf dem Land nach Hause kam, eröffnete er seinem sechsjährigen Sohn, daß die gleichaltrigen Bauernkinder schon zur Schule gingen. Also wurde Leoluca auch angemeldet und gleich in die zweite Klasse gesteckt.

Geschadet hat ihm der Sprung nicht. Er schloß die Schulzeit als Primus ab. Alle Erwartungen wurden erfüllt. Stolz erzählt Orlando, daß er damals, 1965, mit lauter 9 und 10, den besten Noten, das beste klassische Abitur von ganz Italien ablegte. „Ein Junge mit bester familiärer Erziehung, sehr geschätzt von seinen Lehrern und anerkannt von allen Mitschülern, hat er eine brillante Schulzeit absolviert und sich immer durch Intelligenz und Leistungen beim Studium hervorgetan", schrieb ihm der Rektor ins Zeugnis.

Die hervorragende häusliche Erziehung wirkte sich allerdings nicht immer so aus, wie es sich die Eltern und die Schule gedacht hatten. Das Benehmen des hoffnungsvollen Jünglings gab zu mancher Rüge Anlaß. Wegen einer mangelhaften Note für schlechtes Betragen wäre Leoluca beinahe sitzengeblieben. So streng waren in den 50er und 60er Jahren noch die Sitten – nicht nur in Jesuitengymnasien.

„Ich war der Erste der Klasse. Ich war aber auch der Erste der Rebellen." Orlando sieht darin den Grundwiderspruch seiner ganzen Jugendzeit. Er gehörte zur High Society Siziliens, fühlte sich darin daheim und wollte sich doch nicht endlos ihr anpassen. Wie schwer es war, die Klassenschranken einfach hinter sich zu lassen, erlebte er gerade in seinem Abiturjahr. Noch heute grollt er darüber.

Die „fortschrittliche", linksgerichtete Palermer Abendzeitung „L'Ora" (Die Stunde) schrieb damals einen Wettbewerb aus. Wer das beste Abitur im Verbreitungsgebiet ablegte, durfte auf Redaktionskosten nach Moskau reisen. Leoluca Orlando präsentierte sich der Redaktion und wurde abgewimmelt. Der Wettbewerb gelte nur für öffentliche Schulen. Ein kapitalistisches Privatgymnasium sei nicht einbezogen, klärte ihn der kommunistische Redakteur auf. Das wäre ja gelacht, wenn ein halbadliger Zögling des humanistischen Gymnasiums der Jesuiten ausgerechnet auf Kosten eines Blattes der Arbeiterklasse in die Zentrale des Weltkommunismus reisen würde. Da nützte auch nicht, daß der gerade 18jährige Orlando das beste Abitur nicht nur der Provinz Palermo, sondern des ganzen Landes abgelegt hatte.

Ein Savinio Mazzamuto aus dem gleichen Jahrgang, aber eben nur mit dem zweitbesten Abschluß in Palermo und Provinz durfte in die sowjetische Hauptstadt fahren. Für Leoluca die unausgesprochene Aufforderung, „aus dem Glaskasten auszubrechen".

Doch zunächst folgte er den Spuren seines Vaters. Er schrieb sich in dessen juristischer Fakultät zum Studium ein. Gleichzeitig nahm er sich aber vor, aus dem System herauszukommen und notfalls dafür zu bezahlen. Nichts wollte er geschenkt bekommen, nur weil er der Sohn des berühmten Zivilrechtlers Orlando Cascio war. Bezeichnenderweise wollte er mit der bürgerlichen Tugend der Leistung die großbürgerliche Herkunft überwinden, einer der Widersprüche, die ihn das ganze Leben lang verfolgen sollten. Der innere Klassenkampf zieht sich wie ein roter Faden durch Orlandos Lebensweg.

Als Student schloß sich Leoluca der katholischen Studentenorganisation „Intesa" an. Dort traf er jenen Savinio Mazzamuto wieder, der ihm die Reise nach Moskau weggeschnappt hatte. Die kommunistischen Beeinflussungsversuche in Moskau scheinen nicht viel ausgerichtet zu haben. Sizilianer bleibt Sizilianer. Mazzamuto ist heute einer der Nachfolger von Orlandos Vater, Dekan der juristischen Fakultät von Palermo.

Andere Kameraden aus der „Intesa" waren Sergio D'Antoni, heute Sekretär der gemäßigt linken Gewerkschaft CISL, Luigi Cocilovo, ebenfalls später Gewerkschafter, Vito Riggio, zukünftiger Abgeordneter der Christdemokraten in Rom, und Andrea Riela, Medizinstudent und zwanzig Jahre später politischer Kampfgefährte Orlandos.

„Ein seltsamer Typ, still, ganz allein in einer Ecke, alles in Schwarz, schwarzer Anzug, schwarze Schuhe, dunkles Gesicht, schwarze Haare." So erinnert sich Vito Riggio an die erste Begegnung mit Leoluca Orlando.

Die Studenten feierten den 18. Geburtstag einer Freundin, Gabriella Monroy. Orlando war ebenfalls eingeladen, gehörte aber nicht so richtig dazu. Er litt unter der Einsamkeit, ohne recht zu wissen, wie er sie überwinden könnte.

Riggio war etwas jünger als Leoluca. Er hatte ebenfalls ein humanistisches Gymnasium, das „Garibaldi", besucht. Dort war man aber nicht so konservativ katholisch wie bei den Jesuiten und in Orlandos Familie. „Wir lasen Graham Greene, liebäugelten mit der Linken. Neugierig sahen wir uns völlig offen nach allen Richtungen um. Alle haben von diesem seltsamen Jungen mit den besten Noten, aus so illustrer Familie gesprochen. Doch der stand schüchtern in einer Ecke. Mehr als ein kurzer Wortwechsel, small talk, war nicht drin."

Einige Monate später trafen sich die beiden wieder. Diesmal an der Universität. Riggio gehörte schnell zu einer kleinen Gruppe von drei Unzertrennlichen, die sich vorgenommen hatten, die Welt zu erobern oder wenigstens den strengen Rahmen der altmodischen Universität zu sprengen. Orlando wäre gerne mit dabei gewesen und fing es denkbar ungeschickt an, sich einzuschleichen.

Eines Tages, so erzählt Riggio, debattierten sie zu viert über die nächsten Aktionen. Es war die Zeit vor der studentischen Rebellion, die 1968 keine europäische Universität verschonte. Plötzlich stellte Orlando fest: „Wir sind wie die vier Musketiere." Die anderen drei klärten ihn aber spöttisch auf. „Die Musketiere waren aber nur drei." Leoluca Orlando war künftig stets bei dieser Gruppe dabei. Ob er je zu ihr gehörte?

Gleichzeitig drinnen und draußen sein, der Zwiespalt setzte sich fort. Natürlich besetzte er 1968 mit den anderen auch die juristische Fakultät. An der Uni kümmerte es ihn nicht, daß gerade diese Fakultät von seinem Vater geleitet wurde. Den zweifelnden Kommilitonen versicherte er, daß er mit dem Herzen ganz ihre Sache teile. Die studentische Auflehnung beschränkte sich auf die Hochschule. Daheim bei den Orlandos wurde nicht darüber gesprochen.

3. Ein später 68er in Heidelberg

Einen Bruch mit dem Vater gab es nie. „Der Vater ist mein größtes Vorbild, er hat mich am meisten geprägt", bekennt Orlando. Er folgte ihm auch im Studienweg. Wie schon fünfzig Jahre früher Salvatore Orlando, der zeitlebens von der fröhlichen Studentenzeit schwärmte, deren Unbeschwertheit ihm selbst so sehr abgeht, so schrieb sich Sohn Leoluca 1969 für zwei Semester in der Universität Heidelberg ein, der Hochschule von Rudi Dutschke, aber auch von Hans-Georg Gadamer, zu dessen Abschied von der Universität Martin Heidegger am 1. März 1970 sein Schwarzwald-Refugium verließ, um den scheidenden Hochschullehrer zu würdigen.

Der Deutsche Akademische Austausch-Dienst (DAAD) hat Orlando ein Stipendium für diese beiden Semester am Heidelberger Max-Planck-Institut für Völkerkunde in der Berliner Straße geschenkt. Zuerst wohnte der gerade 21jährige Studiosus in einem Studentenwohnheim im Pfaffengrund. Danach zog er in die Heidelberger Innenstadt ins Dachgeschoß des „Palmbräuhauses", wo viele Italiener Unterschlupf fanden. Der Besitzer des Gasthofes stammt aus Norditalien. In seiner Gaststube „Sole d'Or", die „Goldene Sonne", kehrt Orlando bis heute immer wieder ein, und „es ist jedesmal, als wäre ich erst gestern dagewesen. So vertraut ist noch alles, und so freundschaftlich sind die Beziehungen zum Wirt." An der Wand in der „Goldenen Sonne" hängen zwei Bilder, eines zeigt Sandro Pertini, einen der populärsten und beliebtesten italienischen Nachkriegspräsidenten, das andere: Leoluca Orlando.

Hier traf er auch einen seiner besten Freunde, den Griechen Georg Papadimitriou. Er studierte ebenfalls Jura in Heidelberg, war aber zugleich auf der Flucht vor dem Obristenregime in Griechenland. Heute lehrt er an der Universität Athen, ist mit einer Botschaftertochter verheiratet und berät die griechische Regierung.

Deutsche Freunde hat Orlando aus jener Zeit kaum, obwohl er sich in einer Seminararbeit mit einem sehr deutschen Thema herumschlagen mußte. Er untersuchte die Verwaltungsreform in Baden-Württemberg, bei der zahlreiche kleinere Ortschaften häufig gegen ihren Willen mit größeren Nachbargemeinden zu neuen Verwaltungsgemeinschaften zusammengeschlossen wurden.

Gewiß kein attraktives Thema für einen Sizilianer. Doch ganz so fremd kam Orlando die Aufgabe dann auch nicht vor. In Palermo hatte er vor allem Probleme der Verwaltungsvereinfachung studiert. Seine Doktorarbeit schrieb er an seiner Heimatuniversität über „Der Präfekt als Organ der Verwaltungskoordination".

Der Präfekt war der Vertreter der zentralen Staatsmacht. Sizilien hatte in dieser Zeit seinen autonomen Status erhalten und entmachtete dadurch zu einem Teil den Vertreter Roms. Die Regionalisierung gehört noch heute zu den großen Themen Italiens und seiner Auseinandersetzung um die künftige Form als Bundesstaat nach deutschem Vorbild. Orlandos Arbeit wurde mit der höchstmöglichen Note, 110, und magna cum laude angenommen.

Von den Heidelberger Professoren sind Orlando noch in frischer Erinnerung Hermann Mosler, Christian Tomuschat, heute Universität Bonn, und Karl Doehring, aber auch Professor Makarow, ein Osteuropäer, der als

Ausländer besonders langsam deutsch sprach und daher von Orlando am besten verstanden wurde.

Von Heideggers Laudatio bei Gadamers Abschied ist Orlando noch heute fasziniert, ebenso wie für ihn Heidelberg ein Zufluchtsort wurde, wenn ihm in Palermo die Decke auf den Kopf zu fallen drohte. Manchmal reicht ihm auch ein Anruf bei einem deutsch-italienischen Freund. Die Vorwahl von Heidelberg kennt er auswendig: 00 49 62 21.

Lebendige Erinnerung an die Jahre am Neckar. „Für uns 68er waren Heidegger und Gadamer reaktionäre Philosophen. Dennoch hörten die revolutionär gesinnten Studenten fasziniert zu und applaudierten begeistert, auf deutsche Studentenart, durch anhaltendes Klopfen mit der Faust auf die Tische", erinnert sich Orlando fast drei Jahrzehnte später noch.

Jahre danach, 1986 besuchte Gadamer den Bürgermeister von Palermo im Rathaus, dem Palazzo delle Aquile, dem Adlerpalast. Er erzählte Bürgermeister Orlando, daß jener März 1970, als „mein Meister Heidegger" zu Gadamers Emeritierung nach Heidelberg kam, zu seinen schönsten Erinnerungen gehörte. „Es war ein ganz bewegender Augenblick." Orlando bestätigte: „Allerdings. Und sogar die Studenten klatschten Beifall." Gadamer fragte, woher er das wisse. „Ich war einer von jenen Studenten", klärte Orlando auf. Aus dieser Palermer Begegnung entwickelte sich eine „wunderbare Beziehung".

Heidelberg war für Orlando „wie ein großer Film, mit den mittelalterlichen Aulen, an deren Wänden sich die Reden des roten Rudi und von Ulrike Meinhof brachen und wo ich, wie immer, zwar an der Studentenbewegung teilnahm, aber auch zwölf Stunden am Tag studierte und sogar noch Kurse an italienischen Hochschulen belegte". Orlando der Fleißige, der Ehrgeizige, der immer und überall nie Mittelmaß sein wollte. Orlando, so sagten es schon seine Studienfreunde, wollte immer der Erste sein. Unterordnung war nie seine Sache.

Zum richtigen 68er Rebellen wurde Leoluca Orlando allerdings nicht in Heidelberg. Nach seinem eigenen Bekenntnis spürte er seinen Wandel vom großbürgerlichen Elitesohn zum klassenkritischen Aktivisten bei einer Bahnreise von Bologna nach Palermo, mit einem Fahrschein zweiter Klasse, wie seine Studienfreunde.

Es war ein eisiger Tag vor Weihnachten. In einem heillos überfüllten Zug, wie sie in Italien auch heute noch keine Seltenheit sind, waren sogar die Toiletten mit mehreren Reisenden belegt, weil es sonst keine Sitzplätze mehr gab. Mitten im Gedränge der Student Leoluca Orlando und die Palermer Musketiere. Sie kamen von einem Kongreß der „Intesa", dem letzten dieser katholischen Studentenorganisation. Danach wurde die Vereinigung aufgelöst. Die Zeit war über sie hinweggegangen. Sie hatten offensichtlich die 68er Zeichen nicht erkannt. Jedenfalls gehörten sie zu einer überstimmten Kongreß-Minderheit. Die Linke war stärker und taktierte geschickter.

Jetzt reisten sie heim nach Sizilien, geschlagen und müde auf einer Tagreise von Oberitalien ans andere Ende desselben Landes. Je langsamer der Zug wurde, desto südlicher wurde die Umgebung, desto mehr leerten sich auch die Abteile. Gegen Mitternacht traf er in Messina ein, um mit der Fähre nach Sizilien überzusetzen. Die Heizung kühlte langsam aus. Die aufziehende Kälte ließ die Niederlage noch schwerer scheinen. Was hatten sie falsch gemacht, fragten sich die vier.

Ein Kapuzinerpater unter den Reisenden setzte sich zu ihnen. Gemeinsam machten sie Gewissenserforschung und entdeckten, daß sie eigentlich von dem, was sich in Italien außerhalb ihrer engen Welt abspielte, so gut wie keine Ahnung hatten. Sie waren unpolitisch, verstanden die Sprache der neuen Linken nicht. Für Orlando war bis dahin Politik nur ein schmutziges Geschäft, mit dem man sich nicht einlassen konnte, ohne selbst kompromittiert zu werden.

Der Entschluß reift in ihm, sich um die gesellschaftlichen und politischen Veränderungen mehr zu kümmern. Er wollte nicht noch einmal eine Niederlage einstecken müssen, weil er zu wenig von dem verstanden hatte, was sich um ihn herum entwickelt hatte.

In Palermo trifft er mit einem anderen Pater zusammen, der für ihn so etwas wie ein väterlicher Freund werden sollte. Der Jesuit Ennio Pintacuda, der Mann, der den Politiker Orlando am entscheidensten geprägt hat. Mit ihm zusammen arbeitet er systematisch alles auf und holt nach, was ihn bisher nicht interessiert hatte.

Orlando abonniert „Rinascita", das ideologische Wochenblatt der italienischen Kommunisten. Er konfrontiert sich mit einer Gedankenwelt, wie sie nicht ferner von dem liegen konnte, was er von Hause aus mitgebracht hat. Die KPI-Zeitschrift verhilft ihm, die Opposition gegen den Vietnamkrieg zu verstehen, alte Gesellschaftsvorstellungen zu hinterfragen und selbst nach einem alternativen Gesellschaftsmodell zu suchen. Orlando zählt sich fortan zu den „progressiven Studenten".

Nach dem Abschluß des Studiums in Deutschland und Palermo sucht Orlando nicht gleich in seiner Heimatstadt eine berufliche Aufgabe. In Palermo leitet noch immer sein Vater die juristische Fakultät, und sicherlich hätte er etwas für seinen Sohn unternehmen können. Dr. jur. Orlando jun. bewirbt sich aber lieber an die Universität Neapel und wird Assistent am Lehrstuhl für öffentliches Recht. Erst danach ereilt ihn ein Ruf als Hochschullehrer in Palermo.

Politisch blieben die Jahre nach Heidelberg die ruhigsten in der ganzen Karriere Leoluca Orlandos. Er forschte an den Universitäten und arbeitete in der Anwaltskanzlei seines Vaters als Rechtsanwalt und Verwalter. Nach eigenen Angaben verdiente er dabei „auch sehr gut". Nebenbei lehrte er einmal in der Woche zusammen mit Studienfreunden an der Volkshochschule von Agrigent im Süden Siziliens, ohne Honorar als persönlicher Beitrag für die Entwicklung der eigenen Heimat.

Als Anwalt in der Kanzlei seines Vaters lernte Orlando den kommunistischen Berufskollegen Alfredo Galasso und seinen späteren politischen Freund Piersanti Mattarella kennen. Viele Kontakte aus jener Zeit erweisen sich später als ein Netzwerk von Freunden und Bekannten des Politikers Orlando. Heute trifft er sie in Gewerkschaften, Parteien und in Stadträten.

Bis 1975 hält sich Orlando, wie man heute sagen würde, überwiegend im vorpolitischen Raum auf. Politisches Denken bedeutet ihm ganz in der katholischkirchlichen Tradition soziales Engagement mit ausgeprägt paternalistischem Hang des reichen Wohltäters für die armen Bedürftigen. Er versucht, die trennende Grenze zwischen seiner begüterten Herkunft und der palermischen Wirklichkeit zu überwinden. Er ist wohlhabend und privilegiert und leidet darunter, daß alles, was er zu dieser Zeit leistet, nicht sein ureigenes Werk ist. Seinen Wohlstand hat er schließlich ererbt und nicht selbst geschaffen.

Erst sieben Jahre nach der 68er Studentenrebellion und der gewaltigen Wahlschlappe der sizilianischen Christdemokraten besucht Orlando seinen Jugend- und Studienfreund Mattarella, um sich vorsichtig politisch zu orientieren. Mattarella war in der autonomen sizilianischen Regionalregierung verantwortlich für den Haushalt, so etwas wie ein Finanzminister mit begrenzter Kompetenz, aber immerhin parteipolitisch engagiert. „Mit dir würde ich gerne Politik machen", eröffnet er dem christdemokratischen Freund.

Mattarella führte die Liste der sogenannten Morotei an, des Parteiflügels von Aldo Moro, des später von den Roten Brigaden ermordeten mehrfachen Ministerpräsidenten Italiens. Die Parteiflügel waren außer der Hausmacht der führenden Christdemokraten die wichtigsten Unterorganisationen der Partei. Sie verteilten die Pfründen nach internem Proporz unter sich auf. Sie repräsentierten zumindest am Anfang auch eine politische Richtung in der Volkspartei Democrazia Cristiana. Später verkamen diese Correnti zu puren Machtinstrumenten, die nach ihrer Größe auch das Gewicht auf den Parteitagen bestimmten und bei Postenvergaben und Koalitionsverhandlungen ihre personellen Ansprüche durchsetzten. Der nach Moro benannte Corrente gruppierte einen Teil der linken DC-Politiker.

Orlandos Wahl dieses Moroflügels oder besser gesagt von Piersanti Mattarellas politischer Heimat hatte aber nicht nur mit persönlichen Beziehungen und einer politischen Linksorientierung zu tun. Mattarella stand für einen Kurs der sauberen Politik. Der Konflikt mit den mafiadurchseuchten und mafiaabhängigen DC-Klüngeln war vorprogrammiert. In Palermo herrschte seit 1970 Vito Ciancimino als Bürgermeister. Er mußte zwar unter dem Druck von Beschuldigungen der Polizei sein Amt als Stadtoberhaupt niederlegen. Doch das schmälerte seinen Einfluß nicht. Die Zeit für einen von der Mafia unabhängigen Bürgermeister von Palermo war noch lange nicht gekommen.

Piersanti Mattarella und seine Anhänger setzten nur ein erstes Zeichen gegen die Mafia. Cianciminos Freunde Salvo Lima und Giovanni Goria, die sich zuerst zu Amintore Fanfanis Flügel und später zu Giulio Andreottis Hausmacht gesellten, setzten ihren ganzen Einfluß ein, um Ciancimino an der Macht zu halten und Mattarella kaltzustellen. Bei den Provinzwahlen holte die Moro-Liste mit Mattarella und Orlando knapp zehn Prozent und brachte gerade noch einen Abgeordneten ins Provinzparlament, der einem deutschen Kreistag zu vergleichen ist.

Der Mafia, anders läßt sich es in der Rückschau nicht beschreiben, war selbst dieser eine Mann zuviel. Sie bestach einen Mattarella-Freund, um gegen Mattarellas Einzug in das sogenannte Provinzkomitee, die Exekutive der Provinz Palermo, zu stimmen. Mattarella blieb in der parteiinternen Opposition, und Vito Ciancimino wurde verantwortlich für die korruptionsanfälligen lokalen Enti, öffentlich-rechtliche Einrichtungen, die deutschen Ämtern für kommunale Aufgaben wie Tourismus, Sozialhilfe, Altenversorgung entsprechen.

Piersanti Mattarella organisiert seinen Anhang in dieser Zeit nicht nur als Parteigruppe. Er entwickelt in wöchentlichen Treffen mit einigen besonders engagierten und von der beruflichen Erfahrung her für Führungsaufgaben geeigneten Freunden ein eigenes ideologisches Profil. 1976 gründen sie den Arbeitskreis „Politica". Der Name stammt von einer linkskatholischen Zeitschrift von Nicola Pistella aus Florenz. Orlando: „Es war die Geburtsstunde der neuen palermischen christdemokratischen Linken." Sie träumen von einer katholisch geprägten, nicht-marxistischen, aber links engagierten Politik, die mit dem herkömmlichen Klientelismus-System Palermos bricht.

Im Februar 1978 wird Piersanti Mattarella zum Präsidenten der Region Sizilien gewählt dank eines wachsenden Anhangs in der katholisch geprägten Gewerkschaft CISL, die in der jungen Garde eine Chance zum Wechsel der DC erkennt. Leoluca Orlando wird Mattarellas juristischer Berater.

Ohne seinen Freund Piersanti wäre Orlando vermutlich überhaupt nie bei der DC gelandet: „Die christdemokratische Partei wäre für mich immer fremd geblieben. Ich wurde nur wegen Piersanti Christdemokrat. Vielleicht habe ich aber auch die DC gewählt, weil sie meinem Leitmotiv entsprach: mit der Welt, aus der ich komme, von innen her zu brechen." Das Ziel sollte seinen Weg noch ein ganzes Jahrzehnt bestimmen.

Für ihn bestand die DC in Palermo nicht als eine geschlossene Partei, sondern aus vielen Widersprüchen. Orlando sah sich als „demokratischer Katholik von Geburt an" und außerdem als Piersanti Mattarellas Freund. Das war die eine Seite.

Die Macht hatten überwiegend mafianahe Christdemokraten wie Ciancimino, Lima und Gioia, die einen sogenannten Geschäftsausschuß bildeten, der unter sich und mit Firmen, die der Mafia gehörten oder ihr tributpflichtig waren, die öffentlichen Aufträge verteilte. Niemand wählte diese DC aus freiem Willen, analysiert Orlando die andere Seite der DC. Diese werde im besten Fall noch aus Tradition gewählt oder aus ideologischen Gründen, weil es keine bürgerliche Alternative in den Jahren des Kalten Krieges gab. In den meisten Fällen gaben aber Geschäftsinteressen den Ausschlag für ein DC-Votum: um bei der Verteilung der Aufträge dabeizusein.

4. Die erste Morddrohung

Orlando selbst wurde schon zwei Monate nach Mattarellas Präsidentenwahl zum ersten Mal mit der mörderischen Wirklichkeit konfrontiert, die in Palermo herrschte und die jeden traf, der sie ändern wollte. An einem Märzmorgen nahm er ahnungslos den Telefonhörer ab und hörte erstmals, daß man ihn ermorden wolle.

Es war der 16. März 1978, den Tag wird Orlando nicht mehr vergessen. Der Anruf allein hätte ihn schon in helle Aufregung versetzen können. Ein Ereignis, das die italienische Nachkriegspolitik mehr veränderte als noch heute voll bewußt ist, lähmte stundenlang das ganze Land. An diesem Morgen wurde der Parteichef und ehemalige Ministerpräsident Aldo Moro von den Roten Brigaden entführt. Er hatte eine Politik führen wollen, mit der sich Orlando hätte identifizieren können. Die Annäherung zur Kommunistischen Partei, eine Öffnung der DC zur sauberen Linken und gegen die skandalöse sozialistische Partei.

Kaum hatte Orlando die Nachricht von der Entführung vernommen, stürzte er sich in Mattarellas Arbeitszimmer: „Das ist Moros Ende." Mattarella sah noch schwärzer: „Es ist es auch für uns." Mit Moro verschwand für die jungen Palermer Christdemokraten ein Hoffnungsträger. Die Mafia empfand dies wohl genauso. Sie bedrohte Orlando mit dem Tod, nachdem sie Moros Entführung erfahren hatte. Jedenfalls interpretierte Orlando die Bedrohung so.

Der zeitliche Zusammenhang von Moro-Entführung und Todesdrohung ging Orlando immer wieder durch den Kopf, als er zusammen mit dem Parteichef der Provinz Palermo, Michele Reina, und mit Mattarella am Nachmittag an einem großen Demonstrationszug durch Palermo teilnahm. Alle waren dabei, auch die, denen Moros Schicksal gerade gelegen kam: die Mafia. Sie hatte ein vitales Interesse daran, daß die Kommunisten nicht an die Macht kämen, denn die KPI hatte sich bisher erfolgreich gegen mafiose Einflußnahme abgeschirmt.

Michele Reina wurde ein Jahr später ermordet. Die Mafia warnte nicht nur. Sie ermordete auch, jetzt sogar Politiker, die ihr im Wege standen. Sie zeigte damit ihr wahres Gesicht, das gerade außerhalb von Italien noch viel zuwenig ernst genommen wird. Wenn irgendwo straff organisierte Kriminalität auftaucht, wird sie sofort als Mafia gebrandmarkt. Die Zigaretten-Mafia, die Russen-Mafia, die Vietnamesen-Mafia. Die Bezeichnung führt völlig in die Irre.

Mafia ist organisierte Kriminalität, aber nicht nur. Sie ist Teil der Gesellschaft. Organisierte Kriminalität, die kein bürgerliches, „ehrenwertes" Gesicht zeigt, ist keine Mafia. Der Mafioso fühlt sich selbst als ein Glied der Gesellschaft, das sich genauso bereichern dürfe wie der Staat, so die abstruse Rechtfertigungs-Philosophie. Aus dem Schutz, den die Mafia ihren erpreßten Abhängigen und ihren Mitgliedern gewährt, leitet sie noch heute eine eigene Legitimation ab.

Im vergangenen Jahrhundert nisteten sich die Mafiosi in der Gesellschaft ein, weil sie eben nicht nur Verbrechen begingen, sondern sich mal von Grundherren, mal von dem ohnmächtigen Staat selbst als Ordnungshüter benützen ließen. Von diesem Erbe hat sich die Mafia nie getrennt. Ein Mafioso als Parlamentsabgeordneter ist deshalb aus ihrer Sicht eine logische Karriere. Mit juristischen Mitteln allein ist diese Verzahnung nicht zu beenden. Das weiß gerade Leoluca Orlando. Sein Vater hat schließlich in dieser Grauzone als Anwalt so viel Geld verdient, daß dem Sohn ein Ruch von mafioser Familie angehängt wird.

Der Sohn kann deshalb nicht völlig ausschließen, daß sein Vater ebenso wie er selbst Mafiosi, Auftraggeber der Mafia ebenso wie deren Opfer zur Kundschaft zählt. Der Anwalt steht von Amts wegen jedem zur Verfügung. Der Verdacht, den Falschen gedient zu haben, leiten Orlandos Gegner von dem dabei erworbenen Reichtum ab. Dagegen ist der Politiker Leoluca Orlando ohnmächtig. Über diese Vorwürfe gegen seine Familie redet er nur ungern.

In den beiden Monaten, in denen Moros Schicksal offen war, formte sich in Leoluca Orlando eine tiefe Überzeugung. Im Gegensatz zu den Politikern in Rom hält er nicht viel von der Staatsräson. Das Leben Moros sei allemal mehr wert als jede Staatsräson. Sturheit führe genausowenig zu Moros Rettung, wie eine große Polizeiaktion die Mafia vernichten könnte. So Orlandos Credo.

Eine neue Kontroverse, die Orlando nicht mehr verlassen wird, zeichnet sich ab. In Rom regiert Giulio Andreotti als Ministerpräsident, der DC-Politiker, den Orlando für den Schutzherrn, den Garanten der sizilianischen Mafia hält. Manchmal bezeichnet er ihn schlichtweg als Mafioso, bei gründlicherer Überlegung hält sich Orlando inzwischen jedoch mit Beschuldigungen zurück – trotz der beiden Prozesse in Palermo und Perugia gegen Andreotti wegen dessen angeblicher Mafia-Verwicklung. Heute ist Andreotti für Orlando nur noch, das jedoch ohne Wenn und Aber, „politisch und moralisch für die Mafia-Verbrechen verantwortlich".

Im Mai 1978, als Moro schließlich ermordet in einem roten Renault R 4 in einer schmalen Straße zwischen den Parteizentralen der Kommunisten und der Christdemokraten in Rom aufgefunden wurde, erkannte Orlando, daß „nur ein schwacher Staat es nötig hat, Muskeln zu zeigen. Ein starker Staat kann auch mit Verbrechern verhandeln, um nach und nach unter rigoroser Beachtung der Gesetze die Welt, mit der er verhandelt, einzuengen und auszuschalten."

Für Orlandos Vorstellung vom Wert des menschlichen Lebens „war es reiner Unsinn, etwa mit der katholischen Partei gegen die Abtreibung zu kämpfen und gleichzeitig Verhandlungen abzulehnen, um ein Menschenleben zu retten".

Andreotti und seine Regierung lehnten Verhandlungen mit den Roten Brigaden ab, weil sie sich nicht erpressen lassen wollten. Der Idealist Orlando wollte nicht in dieses politische Kalkül passen. Politisches Denken war ihm trotz allem noch immer fremd. Von dem Christdemokraten Piersanti Mattarella lernte er erst noch mühsam, welche Unterschiede zwischen vernünftigen Lösungen und ihrer Durchsetzung in der Politik lagen. Als Mattarella ihn zum juristischen Berater ernannte, wollte der ahnungslose Orlando wissen, in welche Richtung er denn bestimmte rechtliche Probleme angehen solle. Welche Ratschläge der Regionalpräsident von ihm erwarte.

Mattarella erteilte ihm eine Lektion fürs politische Leben: „Du schlägst mir eine Lösung vor und wie sie zu verwirklichen wäre. Ich als Politiker entscheide dann, ob ich sie politisch durchsetzen kann oder will." Politik war für Mattarella das Reich des „ob ich etwas tue", der Fachmann hatte ihm das „Wie" zu erläutern.

Orlando empfand die Lektion als erniedrigend, mußte ihr aber zustimmen. Der Politik-Lehrling durfte dennoch bald einen ersten politischen Erfolg feiern, der seine spätere Politik markieren sollte. Er arbeitete einen

Gesetzentwurf aus, der zahlreiche Aufgaben von der Region auf die Gemeinden übertrug, Milliarden wurden so den Kommunen direkt zur Verfügung gestellt, um Vergeudung und Verzögerung auf einem langen Instanzenweg zu vermeiden. Das Regionalgesetz wurde später nach seinem geistigen Vater „Lex Orlando" genannt.

5. Erste politische Erfahrungen mit der Mafia

Orlando war gerade 30 Jahre alt und fühlte sich „exaltiert", überwältigt von den ersten politischen Erfolgen. Die Schatten der Mafia nahm er nur noch am Rande wahr. Sie holten ihn ein, als sein Gönner Mattarella nicht nur die Gemeinden mit mehr Mitteln ausstatten ließ, sondern auch erreichen wollte, daß die Kommunen sie sinnvoll ausgaben. Das bedeutete, daß die Milliarden nicht in Mafia-Kanäle flossen.

Mattarella richtete einen Untersuchungsausschuß ein, der die Praxis der Vergabe öffentlicher Aufträge durchleuchten sollte. Wer und wie wurden beispielsweise Baufirmen ausgewählt? Welche Angebote gaben sie ab? Gab es mehrere, oder folgten sie einem System von Beziehungen, die in Palermo samt und sonders von der Mafia beherrscht wurden?

Anlaß zu der lebensgefährlichen Untersuchung lieferte der Bau einiger Schulen in Palermo selbst. Mattarellas Berater fanden die Idee zunächst lächerlich, weil es sich doch nur um einige Bauaufträge handelte, die den Aufwand doch nicht wert seien. „Offensichtlich lebten wir auf einem anderen Planeten", bilanzierte Orlando später seine damalige Naivität. „Die Korruption in der Stadt war mir absolut unbekannt."

Die Mafia arbeitet lautlos in einem gut geschmierten Apparat. Keine Baufirma dachte auch nur daran, daß es reguläre Ausschreibungen geben könnte. Man machte alles unter sich aus, kassierte gewaltige Summen und verbaute nur das Notwendigste. Da wurde beim Zement gespart, eine miserable, aber billige Mischung gewählt oder mitunter ganze Installationen für Abwasser „zu bauen vergessen", aber voll abgerechnet.

In welches Wespennest die Regionalregierung gestochen hatte, erlebte Orlando, als er zufällig im Büro von Mattarella stand und dessen Kabinettschefin aufgeregt hereinstürmte. Sie kündigte den Leiter des Untersuchungsausschusses, den Inspektor Raimondo Mignosi, an. Ihm standen Erschütterung und Todesangst ins Gesicht geschrieben. Er habe unglaubliche Skandale entdeckt und fürchte um sein Leben, wenn daraus die Machenschaften bekannt und strafrechtlich verfolgt würden.

Mattarella hatte dies erwartet, verstand aber nichts vom bedrohlichen Ernst der Lage, die Mignosi aufgedeckt hatte. „Machen Sie nur weiter. Jeder weiß doch, daß ich die Untersuchung angeordnet habe und nicht Sie."

Im Januar 1980 wurde Mattarella ermordet. Für Mai waren Kommunalwahlen angesetzt. Mattarellas Flügel hätte gute Aussicht auf einen Durchbruch gehabt. Das „DC-Geschäftskomitee" sah aber durch die Recherchen der Mattarella-Leute seine Pfründe bedroht. Die Region galt damals noch als uninteressant für die Mafia. Die wahren Geschäfte wurden in den Kommunen gemacht, dort wo Aufträge nicht genehmigt, sondern erteilt wurden, dort wo das Geld ausbezahlt wurde. Der Reformer Mattarella durfte mit dem Segen seiner Partei Regionspräsident werden, damit die DC in Palermo weiter unbehelligt abkassieren konnte. Mit der Dezentralisierung spielte er ihr sogar noch in die Hände. Doch die politische Macht in Palermo durfte er auf keinen Fall übernehmen. Das war der Mafia zu riskant. Mattarella wurde in jenem Augenblick beseitigt, als sein DC-Flügel nach der Stadt Palermo griff.

Zu klar hatte Mattarella sich auch vom starken

Mann der DC in Palermo distanziert, von Andreotti-Freund Salvo Lima. Der wollte Europaabgeordneter werden, um sich rechtzeitig aus dem riskanter gewordenen Terrain abzusetzen oder um näher an die europäischen Subventionstöpfe zu kommen. Die Partei folgte seinem Wunsch. Nur Mattarella und einige Gesinnungsfreunde stimmten nicht für den DC-Lokalmatador.

Orlando ist überdies überzeugt, daß die Mafia Mattarella am Dreikönigstag 1980 in politischem Auftrag ermordet hat. Zumindest sei der Mord mit politischer Rückendeckung geschehen. Orlando trauerte um einen Freund, seine Anhänger verloren einen „guten König", der für eine saubere Democrazia Cristiana der kommende Mann gewesen wäre.

Der Schock saß tief. Es war der erste Mafia-Mord, der eine Protestwelle in ganz Italien auslöste. Weitere prominente Opfer der Mafia sollten zwar folgen. Doch seit dem Mord an Mattarella hat sich in Italien etwas geändert. Mafia ist keine sizilianische Folklore mehr. An diesem Dreikönigstag von 1980, der Befana, an dem traditionell die Kinder ihre Weihnachtsgeschenke erhalten, wurde sich Italien bewußt, wie weit die Mafia ihre Arme in die Politik ausgestreckt hatte.

Andreotti notierte in diesen Tagen, daß fortan die Mafia nicht mehr als archaisches Überbleibsel, als sizilianischer Sonderfall, zu behandeln war. Die Mafia mußte auf jedem denkbaren legalen Weg bekämpft werden. Anti-Mafia-Gesetze gegen Geldwäsche, später die Behandlung von Pentiti, von reuigen Mafiosi, die zu Kronzeugen wurden, entstanden in dieser Zeit. Die Mafia hatte sich selbst schwer getroffen.

Für Orlando stand fest: „Piersanti Mattarella verkörperte den letzten, starken Versuch, einen Wandel in der Tradition des demokratischen Katholizismus durch

Vermittlung zu verwirklichen. Nach seiner Ermordung haben wir eine Lektion gelernt: wenn wir die Dinge in Palermo radikal ändern wollten, dann nur unter Lebensgefahr. Wir mußten schon aus Vorsicht mit diesem Versuch der Vermittlung brechen."

Für Orlando folgten dem Mord an Dreikönig „Tage der Angst. Wir, seine engsten Freunde, fanden uns als verängstigte, eingeschüchterte Kinder. Wir waren wie gelähmt. Was sollten wir tun? Wie sollten wir reagieren? Nur langsam fanden wir zur Vernunft zurück."

6. Ein siegreicher Verlierer

Nächtelange Diskussionen der Hinterbliebenen sollten den Verlust der Leitfigur überwinden helfen. Sie endeten schließlich in der Kür eines neuen Anführers. Die Mattarella-Erben beschlossen, Leoluca Orlando bei den Kommunalwahlen an der Spitze der einstigen Mattarella-Liste aufzustellen. Er sollte Mitglied des Rates von Palermo werden, Abgeordneter in jener Stadt, in der der Stadtrat nichts, die Mafia aber alles zu sagen hatte.

Da, so fragte sich Orlando, „sollte ich hinein? Ich war der Berater des Fürsten, ich, der bürgerliche Intellektuelle, sollte simpler Stadtrat werden, vielleicht sogar ein ohnmächtiger, den politischen Intrigen nicht gewachsen?" Am Ende siegt der Ehrgeiz, diese Herausforderung zu bestehen.

Nach langen Auseinandersetzungen rangen ihm seine Freunde Sergio Mattarella, der Sohn des ermordeten Piersanti, und Sergio D'Antoni, die gleichaltrigen Weggefährten, an einem Frühlingsnachmittag die Zustimmung ab. Beim Espresso in einem kleinen Straßencafé in Palermo überzeugten sie Orlando: „Wir müssen ein Signal geben." Sie wollten nicht mit ihrem politischen Vorbild untergehen.

Zum ersten Mal betrat Orlando den Parteisitz der DC, wo ihn Vito Ciancimino empfing. Orlando wurde dem Alphabet folgend auf den 60. Platz der DC-Wahlliste plaziert. In einem für ihn ungewöhnlichen Wahlkampf kam Orlando zum ersten Mal richtig mit dem kleinen Volk in Kontakt. Zu den kleinen Leuten hatte der Hochschulprofessor von Palermos High Society keinerlei Beziehungen. Dennoch wurde er gewählt. Mit gerade so vielen Stimmen, daß er noch in den Stadtrat rutschte. „Keine mehr", stellte er leicht irritiert fest.

Ein Liebling der Öffentlichkeit war der Juraprofessor gewiß nicht. Im Stadtrat selbst empfand er sich denn auch „als ein Fremdkörper in einer surrealen Atmosphäre, immerhin aber im Mittelpunkt der Aufmerksamkeit, in einer Welt, die nicht die meine war". Stolz erfüllte ihn aber darüber, daß er im Gegensatz zu anderen Freunden, die später als Quereinsteiger in politische Ämter berufen wurden, die Ochsentour hinter sich gebracht hat.

Schon wenige Wochen später hatte er zum ersten Mal spürbar mit der Mafia im Stadtrat zu tun. Am 6. August 1980 wurde der Staatsanwalt Gaetano Costa ermordet. Die DC-Fraktion im Stadtrat berief eine Sondersitzung ein, um eine Entschließung zu verabschieden, in der sie natürlich tiefen Abscheu und Verurteilung des heimtückischen Mordes ausdrücken wollte. Orlando legte Wert darauf, daß von mafioser Tat gesprochen wurde. Ein Ciancimino-Parteigänger hatte Einwände. Er lehnte entschieden jeden Hinweis auf die Mafia als Täter ab.

Bisher wurden in der Tat Hinweise auf mafiose Täterschaft von der palermischen DC ignoriert. Doch jetzt, so vertraute sich beispielsweise Giuseppe Insalaco seinem Kollegen Orlando an, „war nach der Ermordung von Costa es nicht mehr hinnehmbar, daß man das Wort Mafia nicht gebrauchte".

Mit einem Hauch von Zynismus, so erinnerte sich Orlando, fuhr Insalaco fort, daß „in diesem Saal immer jemand ist, der auf jemanden Rücksicht nehmen muß. Die Freunde der Mafiosi haben immer Angst vor diesem Wort." Insalaco gehörte der Traditions-DC an und wurde sogar kurzfristig 1984 Bürgermeister von Palermo. 1988 wurde er ebenfalls ermordet.

Orlando beobachtet ohnmächtig die Kungelei im Stadtrat. Er wollte etwas bewegen und sah sich nun zu einem „vorgezogenen Rentnerdasein verurteilt, der durch die Sitzungssäle des Rathauses wanderte".

Der unwillig ertragene Zustand dauerte zwei Jahre lang. 1982 traf Orlando mehr zufällig den Provinz-Gewerkschaftsführer der CISL, der den Christdemokraten nahestehenden Arbeitnehmerorganisation. Der klagte ihm, er wolle nicht mehr weitermachen. Er ändere ja doch nichts: „Ich kehre heim in die Abruzzen." Da fiel Orlando nur eine Ergänzung ein: „Und ich an die Universität." Beide stellten sich in einer bis ins Morgengrauen durchdiskutierten Nacht ein letztes Ultimatum: Noch ein Versuch, die Mißstände wenigstens öffentlich anzuprangern. „Wenn der scheitert, dann treten wir von unseren Ämtern zurück."

Sie produzierten gemeinsam einen Film über die Stadt Palermo und die Mißstände in der Verwaltung. Orlando sammelte Unterschriften gegen den Bürgermeister und seine Beigeordneten. Er stritt sich mit seiner Fraktion. Er erreichte, wie er selbst bilanzierte, daß die „Übel der Stadtspitze bekannt wurden, aber änderte nichts an deren Macht".

Die Mafia antwortete grausam auf jeden Versuch, in Palermo etwas zu ändern. Im Jahr von Orlandos Zweifel und politischer Frustration ermordete sie erneut einen prominenten Mann, Carabinieri-General Alberto Dalla Chiesa. Der hatte kaum Zeit, sein Kommando in Palermo zu übernehmen, nachdem er auf dem italienischen Festland als Held im Kampf gegen die Roten Brigaden in die Zeitgeschichte eingegangen war.

Orlando trat nicht zurück. Das System versuchte weiter ihn einzubinden und damit zum Schweigen zu bringen. Er wurde in zwei aufeinanderfolgenden kurzen Amtszeiten der Bürgermeisterin Ilda Pucci und von Giuseppe Insalaco Dezernent für Dezentralisierung. Er sollte seine „Lex Orlando" umsetzen, ein Auftrag, der ihn zugleich ehren und kaltstellen sollte. Er fühlte sich entsprechend wie auf einem „Fahrrad, bei dem man ständig in die Pedale treten mußte, um nicht zu stürzen".

Er empfand sich selbst im Dienst der alten DC und verzichtete dennoch nicht. Er lernte „von innen", wie heuchlerisch die Partei war. Bei der Abstimmung für den neuen Bürgermeister Insalaco enthielt sich nur ein Stadtrat der Stimme. Der frisch gekürte Bürgermeister präsentierte stolz, daß er sich natürlich nicht selbst gewählt habe. Die Enthaltung stamme von ihm. Orlando wußte jedoch, daß er die weiße Stimmkarte abgegeben hatte.

Insalaco schätzte seine Lage völlig falsch ein. Beim ersten Besuch in Orlandos Büro brüstete er sich: „Ich werde es allen zeigen, daß ich nicht der Kofferträger für jemand anders bin." Orlando billigte Insalaco insgeheim wenigstens zu, vielleicht gespürt zu haben, er müsse etwas tun, „um sich nicht jedes Mal schämen zu müssen, wenn er seinen Kindern in die Augen schaute".

Insalacos verbale Kraftmeierei verdeckte schließlich nur, daß der neue Bürgermeister ein Werkzeug der alten Mafia-Verbündeten war. Diese wollten nicht mehr in der vordersten Linie stehen. Sie waren sich sicher, aus dem Hintergrund um so wirksamer die Fäden ziehen zu können. Nach wenigen Monaten, im Juli 1984, bekannte Insalaco während einer zufälligen Begegnung mit Orlando bei der Eröffnung einer Kunstausstellung unvermittelt: „Ich habe Angst. Ich habe Angst, daß sie mich umbringen. Vielleicht habe ich überzogen. Ich kann nicht mehr. Ich will nicht mehr. Willst du nicht meine Stelle übernehmen? Du kannst es vielleicht schaffen. Du genießt Ansehen, hast gute römische Beziehungen. Ich kann meine Haut nur noch retten, wenn ich abtrete."

Die Anspielungen auf die guten Beziehungen zur DC-Zentrale in Rom waren nicht aus der Luft gegriffen. Orlando war aufgefallen. Was planten die Parteioberen für oder gegen ihn, daß Insalaco anscheinend schon etwas hatte läuten hören? Wenige Tage nach dem ungeplanten Gespräch mit Insalaco eröffnete ihm der DC-Senator Silvio Coco, ein Mitarbeiter von Orlandos Vater und frisch ernannter Parteikoordinator der DC in Palermo, daß „Rom Ihre Kandidatur als Bürgermeister beschlossen hat".

Eine Woche lang gab sich Orlando Bedenkzeit. Er empfand wie vier Jahre zuvor, als ihm die Kandidatur für den Stadtrat angetragen wurde. Seine Gedanken folgten demselben Muster: „Verweigere ich, dann habe ich keine Möglichkeit mehr, etwas zu ändern, etwas zu bewegen. Ich würde dasselbe Bild abgeben, das der Linken in der DC immer nachgesagt wird: Sie ist unfähig, die von ihr erwartete Verantwortung zu übernehmen. Ich stünde als Teilzeit-Christdemokrat da, ohne Parteibewußtsein und als Freund der Feinde."

Orlando beriet sich mit Freunden, darunter auch dem Kommunisten Michele Figurelli, der ihm allerdings klarmachte: „Wenn du annimmst, werden wir auf dich keine Rücksicht nehmen. Du wirst nicht geschont, denn du bist unweigerlich der Bürgermeister der DC des Salvo Lima und des Vito Ciancimino."

Selbst die Freunde aus der gerade erst gegründeten „Stadt für den Menschen", einer linkskatholischen Basisgemeinde, zuckten mit den Schultern und „schauten mich an, wie ein Kabeljau mit einer heißen Kartoffel im Maul, den man gerade in die Backröhre schiebt". Alle schienen zu sagen, „wenn das die ganze Erneuerung der DC unter dem neuen Parteichef Ciriaco De Mita sein soll, dann lieber abwarten". Orlando sah es ihnen an. „Sie alle wollten mir sagen, daß die Kandidatur nichts anderes als eine Verurteilung sei."

Den langen Tag seiner Sondierung mit sich selbst und im Freundeskreis endete bei dem bereits erwähnten Jesuiten, den Orlando seit 1968 regelmäßig konsultierte, seinem väterlichen Freund Ennio Pintacuda. Der Pater stand hinter der „Stadt für den Menschen" und galt als der Sauerteig einer neuen Gesellschaft, die sich langsam gegen die Allgewalt der Mafia wehren wollte.

Orlando besuchte ihn in seinem Arbeitszimmer, einem mit Büchern, Akten und Zeitschriften vollgestopften Studio in der Via Lehar. Wenige Jahre später mußte Pintacuda sein Büro in eine Kaserne in den Schutz der Polizei verlegen, „weil es meine Sicherheit nicht anders zuläßt".

Kaum hatte Leoluca den Raum betreten, bekam er auch schon die befürchtete Antwort: „Wenn du akzeptierst, begehst du einen großen Fehler." Nicht ein Funken von Verständnis dafür, daß er überhaupt die Kandidatur ernsthaft erwog, ärgerte sich Orlando. Vielmehr eine klare Abgrenzung und Kampfansage: „Wenn du das tust, dann werde ich dein stolzer Gegner sein", schloß Pintacuda.

Orlando hatte den Tag über, wie so oft, nichts gegessen. Aufgewühlt und nervös kippte er von dem Bitterlikör, einem Amaro, den der Pater auf dem Schreibtisch stehen hatte, ein Glas nach dem anderen hinunter. „Nachts um eins verabschiedete ich mich schließlich enttäuscht und quasi betrunken von ihm." An der Haustür tröstete ihn Pater Pintacuda: „Luca, sei nicht enttäuscht. Lies den Brief von Paulus an die Römer ..."

Daheim, einsam in einem leeren Haus, weil Ehefrau und die beiden Töchter immer mehr ein eigenes, weniger gefährliches Leben führten, fand Leoluca eine Heilige Schrift. Doch die Suche nach dem passenden Zitat aus einem Paulus-Brief blieb ergebnislos. „Vieles steht in der Bibel über die Hoffnung, den rechten Weg, den Kampf für das Gute ... Was Pintacuda meinte, fand ich nicht. Ich schlief schließlich ein."

Orlando war schon immer ein Mann, der kaum Schlaf brauchte. Um fünf wachte er nach dieser Bitter-Nacht auf und wollte nur noch weg, weg von Palermo. Er nahm seinen Wagen und fuhr hinaus an einen Ort, wo ihn kein Telefon erreichte. Handys gab es damals noch nicht. Er wollte sich darüber klarwerden, ob es irgendeinen Grund gab, warum er zum Bürgermeister gewählt werden sollte. Was würde geschehen, wenn er sich bereit erklärte, aber sich um keinerlei Stimme bemühte. Die Kompromißformel, es einfach darauf ankommen zu lassen, war gefunden.

Der parteiinterne Nominierungsausschuß der palermischen Christdemokraten folgte wenige Tage später nach einem alten Ritual. An einem heißen Sommertag stellte der Ausschuß in einer Sitzung einstimmig fest: „Orlando wird Bürgermeister von Palermo." Die Herrschaftspartei beschloß dies so selbstverständlich wie lakonisch. Orlando ließ zur Gratulation Umarmungen und landesübliche Küsse auf die linke und die rechte Wange über sich ergehen, die „heuchlerischen Komplimente, die weichen Händedrücke und die feisten festen Küsse schweißperlender Gesichter", wie er sich angewidert erinnert.

Doch ganz nach dem abgekarteten Spiel, das die Parteiführung in Rom den sizilianischen Statthaltern diktiert hatte, lief die Kandidatenkür dieses Mal nicht ab. Als alles schon gelaufen schien, stellte Orlando eine ungewöhnliche Bedingung: „Ich will eine geheime Abstimmung zur Nominierung."

Zwei Stunden lang wehrten sich die Lokalfürsten der

DC. Doch Orlando stellte diese Bedingung als unabdingbar dar. Er wollte wissen, mit welchem Rückhalt er tatsächlich rechnen konnte. Ihm war bewußt, daß im Machtspiel zwischen Rom und Palermo etliche Zähne knirschten, bevor die linksorientierte und reformoffene Parteiführung von De Mita ihren Mann in der sizilianischen Hauptstadt durchsetzen konnte. Die geheime Abstimmung war Orlandos Preis, sein eigenes Gesicht zu wahren, wenn er schon die Kandidatur nicht ohne Not ablehnen konnte.

Schließlich sprach sich der bisherige Amtsinhaber Insalaco für Orlandos Wunsch aus. Für ihn zählte sowieso nur eines, so schnell wie möglich den heißen Stuhl weiterreichen zu können. Parteimanager Silvio Coco plagten böse Ahnungen. Vorsichtshalber fragte er vor der Stimmabgabe Orlando: „Du kandidierst doch sicher, auch wenn dir einige Stimmen fehlen?" Abwarten. Und triumphieren. Orlando erhielt nur sieben von 41 anwesenden christdemokratischen Stadträten. Coco: „Was machst du jetzt?" Orlando: „Nichts."

Noch spät in der Nacht rief Orlando seinen Freund Sergio Mattarella in Rom an. Der hielt das Ganze für einen Scherz. Auf dem Heimweg setzte sich Orlando in eine der zu dieser nächtlichen Stunde fast verlassenen Pizzerien und aß mutterseelenallein eine Pizza. Er war sich sicher, auf diese Weise seinen Aufstieg zum Bürgermeister von Palermo rechtzeitig abgebrochen zu haben. Vito Ciancimino versammelte zur selben Stunde seine mafiahörigen Getreuen um sich und lieferte die Begründung für den Boykott des verhaßten großbürgerlichen Saubermannes: „Der wollte Bürgermeister werden, ohne mich auch nur vorher anzurufen."

Die Nachricht von Orlandos Schachzug, zu kandidieren und doch nicht Kandidat zu werden, machte schnell die Runde in Palermo. Schon früh am nächsten Morgen stand Orlandos Freund Mommo Giuliana, ein Abgeordneter des Regionalparlamentes, vor seiner Tür. Eine Wohnungsnachbarin, die am Vorabend nur von der Kandidatur gehört hatte, wollte Orlando gratulieren, als er Giuliana entgegenging. Als sie die Abstimmungsniederlage in der DC hörte, drehte sie sich mit einigen Verwünschungen über die hirnrissigen Feinde Orlandos wieder der eigenen Wohnungstür zu.

Aus dem Radio vernahm der verhinderte Kandidat kurz darauf, wie die palermische DC die Schlappe überspielte. Einer der Provinzchargen versicherte in einem Interview: „Die Parteiführung hat in Palermo keinen Kandidaten benannt." Das Verschweigen der gescheiterten Nominierung überraschte Orlando. Was sollte er davon halten? Hatte die Parteizentrale in Rom seinen persönlichen taktischen Sieg einkalkuliert? Hatte De Mita seine Kandidatur geschickt ins Spiel gebracht, weil er wußte, daß Orlando durchfallen würde?

Vieles sprach für die These, daß die Parteispitze mit Orlando nur einen Schachzug geplant hatte, um Zeit zu gewinnen. Die Christdemokraten in Palermo waren für Rom mehr und mehr zu einer Belastung geworden: Die Mafia-Verbindungen waren landesweit bekannt. Palermo war kaum noch regierbar. Mit dem ablehnenden Votum von Orlando war vorerst beiden Seiten gedient. Die lokalen Drahtzieher konnten bei ihrem Machtspiel bleiben, und Rom stahl sich aus der Verantwortung, weil es schließlich eine alternative Lösung angeboten hatte.

Orlando selbst fühlte sich als ein „Verlierer, aber zu meinem eigenen Preis". Bestärkt wurde er darin durch Pater Pintacuda. Als er erleichtert am selben Vormittag in dem Büro des Jesuiten aufkreuzte, kam er kaum zum Sprechen. Andauernd schrillten die Telefone, und immer wieder sagte der Pater nur einen Satz: „Ja, ja, sie haben ihn boykottiert. Ja, ein großer Sieg." Leoluca Orlando war für einige Stunden der glücklichste Mensch auf der Welt.

Orlandos siegreiche Niederlage blieb nicht ohne personelle Folgen. Silvio Coco wurde wenige Tage später als Parteikoordinator abgesetzt. Seine Aufgabe übernahm ein Andreotti-Anhänger aus dem Latium, der Hochburg des Multiministers. Orlando urteilt: „Dieser Carlo Felici war ein Mann, der wesentlich dazu beitrug, daß aus der DC eine Partei wurde, die ein ehrlicher Mensch nirgends vorzeigen konnte."

Um das Gesicht zu wahren, suchte die DC erneut einen Kandidaten, der dem linken Flügel der DC, Orlandos Richtung, zugerechnet werden konnte. Sie fand ihn in Stefano Camilleri, der zwar mit einigen linken Ideen das Etikett rechtfertigte, aber in einem entscheidenden Punkt eben kein Kandidat der Linken sein konnte. Er war ein Mann der alten, korrumpierten Christdemokraten um Salvo Lima und Ciancimino. Er wurde umgehend dem Stadtrat als Kandidat für das Bürgermeisteramt präsentiert. Orlando blieb der Abstimmung fern und ließ verkünden: „Während der Wahl werde ich im Hotel ‚Villa Igea' einen Aperitif nehmen. Wer hinzukommt, steht auf meiner Seite, wer nicht auf der anderen."

Zuerst wartete Orlando allein an der Hotelbar, während im „Saal der Gedenktafeln" Camilleri zum Stadtoberhaupt gewählt wurde. Bald versammelten sich aber 14 Gleichgesinnte um den ex-designierten Bürgermeisterkandidaten. Der stellte zufrieden fest, daß sich sein Anhang unter den DC-Stadtverordneten bereits verdoppelt hatte. Jedenfalls reichte es aus, daß bei allen auf die Oberbürgermeisterwahl folgenden Abstimmungen über die Beigeordneten Bürgermeister keine Mehrheit mehr zustande kam. So blieb OB Camilleri für einige Wochen allein Bürgermeister ohne irgendeinen Dezernenten, eine Ein-Mann-Stadtregierung.

Sommerliche Hitze senkte sich wieder über das politische Leben in Palermo. Nichts ging mehr. Orlando zog es vor, eine Einladung nach Washington anzunehmen. Als Parteichef Ciriaco De Mita von der bevorstehenden Abreise erfuhr, ließ er Orlando sofort nach Rom bitten, um ihn davon zu überzeugen, daß die USA-Reise wie eine Flucht aus Palermo ausgelegt werden könne. Noch viel schlimmer, Orlando erwecke den Eindruck, sich völlig von der DC zu distanzieren.

De Mitas Befürchtungen waren berechtigt. So weit folgte ihm Orlando aber noch nicht. Das parteipolitische Machtkalkül De Mitas war ihm fremd. Er distanzierte sich nicht von der DC, sondern nur von der mangelnden Bereitschaft der Parteiführung, in Palermo wirkliche Reformen in Gang zu setzen. Er selbst verstand sich als Verkörperung dieser Erneuerung. De Mita dagegen fürchtete nur eines: daß das unregierbare Palermo vorgezogene Neuwahlen auslösen könnte und im Wahlkampf der parteiinterne Linienkonflikt offen ausgetragen und zu landesweit der DC schädlichen Schlagzeilen ausarten würde.

Orlando reiste mit Schmerzen nach Amerika. In Rom wollte er sich ein Paar Schuhe kaufen. Wegen des Treffens mit De Mita hatte er zu wenig Zeit, um sich in Ruhe welche auszusuchen. Ohne sie anzuprobieren, packte er zu enge Schuhe ein. Sie drückten ihn bis Washington, als wollten sie an den Ärger mit De Mita, den er vorher persönlich nicht kennengelernt hatte, noch eine Weile erinnern.

Nach zwei Wochen kehrte Orlando im September zurück und erlebte eine unverhoffte Wende. Vito Ciancimino wurde als Mafioso verhaftet. Normalerweise wäre die Festnahme eines Spitzenpolitikers für jede Partei zumindest in der Heimatregion tödlich gewesen, zumal jedermann in Palermo wußte, daß hinter dem ehemaligen Bürgermeister ein ganzes System stand. Der sizilianischen DC blieb ein solcher Untergang erspart, gerade wegen der Auseinandersetzungen um Orlandos abgewürgter Kandidatur. Sie signalisierte gerade noch rechtzeitig, daß Ciancimino und Salvo Lima nicht allein die DC repräsentierten.

Die lokale Parteiführung wurde ausgewechselt. Sergio Mattarella übernahm kommissarisch die Parteiführung. Der Stadtrat wurde aufgelöst, und Ciriaco De Mita flog regelmäßig von Rom aus ein. Er entwickelte nach Orlandos Beobachtung ein „neurotisches Verhältnis zu Palermo, Ausdruck einer großen Angst", die viele beschleicht, die mit einigem Wissen über die Stadt nicht mehr unvoreingenommen die Goldene Muschel, die Bucht von Palermo, besuchen können. Bei jeder Abreise kündigte De Mita über Funktelefon seiner Familie sichtlich erleichtert an: „Ich verlasse gerade Palermo", in einem Ton, als wollte er sagen: „Auch dieses Mal bin ich ihr lebend entronnen."

Orlando erinnerte sich, wie er De Mita einmal im Wahlkampf begleitete und den üblichen Anruf bei der Familie selbst mithörte. Bei der nächsten Kundgebung in Termini Imerese, einige Kilometer von Palermo entfernt, zeigte Orlando unauffällig auf einen Mann. „Schau diesen Bärtigen da. Es ist ein bekannt blutrünstiger Mafioso." De Mita schreckte zusammen: „Was, warum, wir sind doch in Termini." Orlando: „Wieso, hast du geglaubt, die Mafia sei nur in Palermo. Schau dir den da hinten an. Wenn du mit dem Arm in Arm gesehen wirst, kannst du deine politische Karriere vergessen."

Orlando erzählt diese Geschichte gerne, nicht nur um De Mitas Zurückschrecken vor Palermo zu illustrieren. Die Geschichte beleuchtet das Verhältnis der meisten Italiener zu der Hauptstadt der Mafia: Am besten, nichts damit zu tun haben wollen. Am besten, Augen zu und durch, am besten, Sizilien sich selbst überlassen. In Rom zählten eh nur die Wählerstimmen, ein Verhalten, das auch Giulio Andreotti als charakteristisch für sein eigenes Verhältnis zu Palermo fand, einschließlich aller wirklichen oder unterstellten Verstrickungen.

7. Der Anfang vom Ende der alten DC

Die Götterdämmerung begann für die alte palermische DC bei den Kommunalwahlen 1985. Allein in Palermo fielen bei der Listenaufstellung von zweiundvierzig amtierenden Stadträten dreißig durch, durchweg ehemalige Bürgermeister, Beigeordnete und Gewerkschafter. Sie nahmen die Niederlage mit Racheschwüren auf. Einer, der dick in die Geschäfte mit der Ausschreibung von Bauaufträgen verwickelt war, jammerte Orlando vor, er lebe von einer bescheidenen Rente, fahre nur einen Fiat 126, also den kleinsten, und sein Sohn sei arbeitslos. Das Jammern gehörte selbst bei den Mafiosi zur Landessitte. Orlando eröffnete ihm nur, daß die DC mit der internen Säuberung Ernst mache. Dennoch stimmte ihn der Vorfall nachdenklich.

Er konnte sich durchaus vorstellen, daß dieser kleine Mafioso sich nicht bereichert hatte, sondern aus ganz anderen Gründen für die Bosse arbeitete. Aber gerade wenn die Mafia Macht über Menschen hatte, ohne daß es sie etwas kostete, mußte der Konflikt mit ihr noch viel gefährlicher sein, als sich der neue Star der Palermer DC es sich vorher je hatte vorstellen können. „Die alte Mafia-Kultur, aus der sich eine bestimmte Art der Beziehungen zwischen Politik und Geschäft ergab, bekam Komplizenschaft von Leuten, die dafür nichts oder so gut wie nichts an Gegenleistung erhielten." Der Mafia gefällig zu sein war diesen Menschen eine Art Lebensversicherung.

Wie das funktioniert, erlebte Orlando in diesem Wahlkampf. Eines Tages erschien eine ganze Familie in Sonntagskleidern am Sitz der DC. Sie wohnte in einem Vorortviertel und zählte sich zu den alteingesessenen treuen DC-Wählern. Sie galt als angesehen, freundlich und vertrauenswürdig.

„Lieber Herr Professor", begann der Familienvater, „wir sind zu Ihnen gekommen, um Ihnen unsere Unterstützung anzubieten." Als sie sein Unbehagen bemerkten, fügte er geheimnisvoll hinzu: „Machen Sie sich keine Sorgen. Wir verlangen nichts dafür. Vielmehr möchten wir Sie bitten, falls Sie jemand in unserem Namen in Zukunft um einen Gefallen bitten sollte, schicken Sie ihn direkt an uns weiter, damit wir uns darum kümmern können."

Orlando fühlte sich bei dieser seltsamen Sympathiekundgebung wie auf glühenden Kohlen. Was wollten die wirklich? Ein Hintergedanke drängte sich auf. DC-Listenführer war Sergio Mattarella, der an erster Stelle auch für den neuen Kurs gegen die mafiosen Verstrickungen der DC Palermos verantwortlich war. Er war die treibende Kraft, die es fertiggebracht hatte, daß zu stark belastete Politiker nicht wieder aufgestellt wurden. Wollten ihn die kleinen Mafiosi bestrafen, in wessen Auftrag auch immer?

Orlando rechnete sich zur Erklärung vor, diese Clans brauchten nur zu streuen, sie würden Orlando wählen, und schon würde er erstens mehr Stimmen als Mattarella erhalten und zweitens würde er unausgesprochen als der Mann erscheinen, den die Mafia wählen ließ. Zwei Fliegen mit einer Klappe. So steuert die Mafia in Palermo ganz subtil und auf den ersten Blick nicht erkennbar ihre politischen Interessen.

Wie sich aber aus dieser erdrückend freundlichen Umarmung befreien, ohne sich unnötige Gegner zu schaffen? Orlando öffnete die Tür zum Nebenzimmer, zu Mattarellas Büro, und lud seine ungebetenen Besucher ein: „Meine Herren, da es sich hier nicht um die Unterstützung eines einzelnen Kandidaten handelt, sondern um Ihre Hilfe für die ganze Partei, lassen Sie mich doch schnell den Onorevole Mattarella rufen, damit auch er Ihnen dafür danken kann."

„Professore, vergessen Sie es. Machen Sie keine Umstände. Wir wollen nicht stören. Auf ein anderes Mal", und sie verließen hastig den Raum. Orlando blieb in der Überzeugung zurück, die Logik der Mafia dieses Mal gestört zu haben.

Sie „dankte" es ihm auf ihre Weise. In den von diesem Clan kontrollierten Wahlbezirken erhielt Leoluca Orlando zur Strafe für das verweigerte Angebot keine einzige Stimme.

Der zweite Beweis, wie sich die Mafia zu rächen wußte, erlebte Ciriaco De Mita selbst mit. Er war zur Abschlußkundgebung des Wahlkampfes nach Palermo gekommen und wollte eine feurige Rede auf dem Politeama-Platz halten, wo traditionell zu solchen Veranstaltungen gerufen wurde. Auf der Tribüne neben De Mita die ganze Palermer Parteiprominenz. Doch der Platz blieb leer. Nur vier jugendliche Anhänger aus dem Orlando-Freundeskreis fanden sich ein.

De Mita tobte. „Ihr habt mich ruiniert. Ihr Verdammten. Niemand ist gekommen. Ich habe wegen euch die alte DC liquidiert, doch die neue, wo ist die neue? Sie ist nirgends." Im Auto, das ihn zum Flughafen zurückbrachte, hatte sich der Parteichef aus Rom noch immer nicht beruhigt. Mattarella und Orlando ließen es mit ungerührten Gesichtszügen über sich ergehen. Schließlich knurrte er sie an: „Lacht doch wenigstens. Oder seid ihr nicht einmal dazu in der Lage?"

Zum Lachen war den beiden neuen Männern der DC

von Palermo erst am Wahlabend zumute. De Mita hatte ihnen noch prophezeit, wenn sie dreißig von bisher 43 Sitzen behielten, wäre das ein gewaltiger Triumph. „Aber ihr werdet nicht einmal zwanzig bekommen."

De Mita schätzte die Lage in Palermo völlig falsch ein, weil er zwischen dem äußeren Bild und der verborgenen Wirklichkeit nicht zu unterscheiden vermochte. Mattarella und Orlando feierten am Wahlabend einen gewaltigen Sieg. Die Palerer schickten mit ihren Stimmen 32 Stadträte der neuen DC ins Stadtparlament.

Am 15. Juli 1985 präsentierte sich der neue Bürgermeister mit seiner ersten Regierungserklärung im Stadtrat. Er hieß Leoluca Orlando. Jetzt wollte er sich nicht mehr dem Auftrag entziehen. Jetzt wollte er kämpfen für ein lebenswertes Palermo, „das wir noch lebenswerter machen wollen".

Wie schwer diese Aufgabe werden würde, führte ihm die Mafia noch einen Tag vor der Einsetzung der neuen Stadtregierung, der Beigeordneten und Referatsleiter (Assessoren, Dezernenten) vor. Der Termin für die feierliche Amtseinführung war für den 29. Juli angesetzt. Am 28. Juli ermordete die Mafia den Polizeikommissar Beppe Montana. Den ersten Tag als Bürgermeister verbrachte Orlando mit Trauerfällen. Zuerst stand eine Gedenkfeier für den genau vor zwei Jahren ermordeten Kriminalpolizisten Rocco Chinnici auf der Tagesordnung. Danach stand Orlando am offenen Grab des am Vortag erschossenen Montana.

Am 2. August wurde ein gewisser Salvatore Marino im Polizeigebäude ermordet, wo er wegen des Mordes an Montana verhört werden sollte. Innenminister Oscar Luigi Scalfaro ordnete die Entlassung einiger Polizisten an, die des Mordes an dem Festgenommenen verdächtigt wurden. Vermutlich wollten sie einen Mitwisser von Mafia-Verbindungen in der Polizei beseitigen. Orlando registrierte die Entlassung der Polizisten als bescheidene, aber anscheinend einzige Möglichkeit, etwas mehr Macht des Staates zu demonstrieren als bisher.

Am 5. August gab Orlando im Stadtrat sein Regierungsprogramm bekannt. Am Tag danach wurde sein Freund Ninni Cassarà, Chef der mobilen Einsatzpolizei, unter seiner Haustür erschossen. Orlando erfuhr es von einem Journalisten der Abendzeitung „L'Ora". Orlando stürmte aus dem Haus, rannte zum Auto und raste mit Sirenengeheul in die Via della Croce Rossa, der Rot-Kreuz-Straße, wo Ninni gewohnt hatte.

Seinen Schmerz brüllte er dem ermittelnden Staatsanwalt Vincenzo Pajno ins Gesicht. „Basta, basta, basta – aufhören, aufhören". Zum letzten Mal hatte er seinen Freund Ninni bei der Beerdigung von Beppe Montana getroffen. Es war gerade eine Woche her.

Das waren die ersten Erfahrungen als Bürgermeister, der sich in der Hauptstadt der Mafia vorgenommen hatte, mit politischen Mitteln den Kraken, wie die „Ehrenwerte Gesellschaft" auch bezeichnet wird, zu bekämpfen.

An die erste Stelle seines Programmes rückte Orlando die absolute Offenheit, Durchschaubarkeit der Stadtregierung. Die Sitzungen des Stadtrates wurden, soweit möglich, öffentlich abgehalten. Im Rathaus wurde ein Bürgerkomitee installiert, das Bürgerfragen beantworten sollte.

Die italienische Unsitte, Posten nur nach Empfehlungen zu verteilen, wurde abgeschafft. Wer sich an die Empfehlungsverordnung nicht hielt, konnte entlassen werden. Orlando traf damit einen Nerv der gesamten italienischen Staatsbürokratie. Nach Schätzungen werden in Italien 80 Prozent dieser Stellen aufgrund dieser „Raccomandazioni" besetzt.

Öffentliche Aufträge wurden jetzt nur noch nach

Ausschreibung vergeben und auf keinen Fall an Firmen, die mafioser Verbindungen verdächtig sind. Nach Orlandos Beobachtungen investiert deshalb die Mafia in der Folge so gut wie nichts mehr in Palermo.

Mit einem Sozialprogramm fing Orlando an, vor allem Arbeitsplätze für Jugendliche zu schaffen.

Seine eigenen Auftritte in der italienischen Öffentlichkeit und im Ausland sollen ein neues Image Palermos prägen. Ein nicht unwillkommener Nebeneffekt. Es ist auch ein Schutz für den Bürgermeister selbst. Je bekannter er würde, desto mehr zögere die Mafia, ihn offen zu bekämpfen oder sogar zu ermorden.

Orlando war zum Beginn seiner Amtszeit 1985 außerhalb seiner engeren Heimat kaum bekannt. Noch zweifelte die Mehrheit, ob der politisch noch wenig erfahrene Juraprofessor überhaupt in der Lage wäre, allein dieses Jahr 1985 zu überstehen. Die Chancen waren jedoch nicht so schlecht. Am Ucciardone-Gefängnis entstand ein Bunker, der in die Geschichte eingehen sollte. Hier sollte im Februar 1986 der größte Prozeß gegen die Mafia stattfinden, der „Maxiprozeß", wie er bald heißt, mit über 300 angeklagten Mafiosi. Er sollte eine Wende im Kampf gegen die Mafia markieren. Nicht weil so viele angeklagt und auch verurteilt wurden, sondern weil die Urteile nicht wieder aufgehoben, sondern vollzogen wurden. Eine Erfahrung, die der Mafia völlig neu war.

Bevor es soweit war, führte die Mafia eine blutige Einschüchterungskampagne. Bevorzugtes Ziel waren Staatsanwälte und Untersuchungsrichter. So auch am 21. November 1985. Orlando war vier Monate im Amt.

Ein Staatsanwalt fuhr im gepanzerten Dienstwagen in der Mittagspause nach Hause. Das Fahrzeug benutzte die Vorzugsfahrbahn der Via della Libertà, die Fahrbahn, die nur Taxen, Bussen und offiziellen Fahrzeugen vorbehalten war. Plötzlich eine Explosion, das Auto drehte sich und raste in eine Menschengruppe an einer Bushaltestelle hinein. Zwei Gymnasiasten starben auf der Stelle, zahlreiche wurden verletzt. Wenige Minuten später traf der Bürgermeister an dem Unglücksort ein und blickte nur in feindselige Gesichter, als wollten die unschuldigen Passanten ihm sagen: „Da schau her, das ist das Ergebnis deiner Anti-Mafia-Politik."

In der Stadt breitete sich eine Stimmung aus, die Orlando gut kannte. Es war das Gefühl, daß man mit der Mafia leben müsse, wenn nicht mehr Blut fließen soll. Tagelang besuchte Orlando die Verletzten in den Krankenhäusern und versuchte den Hinterbliebenen der beiden toten Schüler Trost zu spenden und Mut zu machen.

Noch mehr mußte er sich selbst gut zureden. Die Mafia spielte mit allen Mitteln gegen ihn. Die Tageszeitung von Palermo, das „Giornale di Sicilia", analysierte fleißig die blutigen Ereignisse der letzten Wochen. Kein Artikel erschien, der nicht Orlandos Politik hinterlistig in Frage stellte. Er kam sich vor, als wäre er der Täter und nicht die Mafia.

Das alte Palermo schien alles zu akzeptieren. Das junge wollte sich dagegen die Chance auf eine bessere Zukunft nicht nehmen lassen, auch wenn zwei der Ihren die Opfer wurden. In zahlreichen Versammlungen in den Schulen setzte sich ein neuer Kurs durch. Die Oberschüler scheuten sich nicht, in Entschließungen festzuhalten, daß „die Mafia verantwortlich für den Tod unserer Freunde ist".

Die Luft der Veränderung spürte Orlando am 10. Februar 1986 wieder klarer. In der Aula des Bunkers vom Ucciardone-Gefängnis wurde endlich der Maxiprozeß eröffnet. Hinter den vergitterten Anklagezellen erschienen die Mafiosi in ihren besten Anzügen, als ginge es zu einer besonderen Feier. Orlando ging an ihren Käfigen vorbei und hörte das Zischeln von Mund zu Mund: „Seht euch den an, das ist der Bürgermeister."

Orlando fühlte sich umgeben von Anfeindung und Ablehnung. Er setzte sich zu den Angehörigen der Mafia-Opfer. Dort lernte er eine Frau kennen, die ihn in Zukunft häufiger im Rathaus besuchte und ihm Mut machte. Es war die Mutter eines jungen Mafioso, der von der „Ehrenwerten Gesellschaft" barbarisch zu Tode gequält worden war. Hände und Füße aneinandergebunden, war er langsam erdrosselt worden. Jetzt forderte die Mutter als Nebenklägerin Gerechtigkeit, damit künftig Jugendliche nicht mehr in die Fänge des Kraken gerieten.

Die Mafia antwortete auf ihre Art. Am 7. Oktober 1986 gegen 9.00 Uhr abends bogen zwei Männer auf einer Kawasaki in eine schmale Straße von San Lorenzo ein und erschossen den elfjährigen Claudio Domino, ein unschuldiges Kind.

Palermo hielt für einen Augenblick den Atem an. Was sollte dieser häßliche Mord an einem Kind bedeuten? Was konnte noch passieren in der Tragödie dieser Stadt? Ausgerechnet in einem Viertel, wo es keine Morde gab, weil es ganz in der Hand der Mafia war. Dort herrschte die Friedhofsruhe der Pax Mafiosa. Warum also dieser Mord? Orlando faßte ihn als eine Botschaft auf an die ganze Stadt: Wehe, wenn ihr weitergeht auf dem Weg der Veränderungen.

8. Der Dichter und die Mafia-Karrieristen

Ein halbes Jahr später veröffentlichte am 10. Januar 1987 der angesehene sizilianische Schriftsteller Leonardo Sciascia einen Artikel „Professionisti dell'Antimafia" über diejenigen, die sich den Kampf gegen die Mafia zum Beruf gemacht haben.

Der Beitrag erschien als Buchbesprechung in der größten Zeitung des Landes, dem Mailänder „Corriere della Sera". Das rezensierte Buch behandelte den Faschismus und die Mafia. Sciascia kam zu dem Ergebnis, daß der Faschismus des Duce den Kampf gegen die Mafia als Machtinstrument gebraucht und mißbraucht habe. Er zog Vergleiche zur Gegenwart und meinte, daß dieses Risiko auch heute noch bestehe.

Mit anderen Worten und auf die exponierteste Person dieses politischen Kampfes gegen die Mafia bezogen, warf Sciascia Leoluca Orlando vor, die Mafia nur zu bekämpfen, um mit diesem Wahlprogramm die Macht zu erobern. Wörtlich hielt Sciascia Orlando vor, „seine Karriere mit tausenderlei Auslandstouren und Interviews zu festigen, den Müll auf Palermos Straßen aber noch immer nicht zu beseitigen verstanden zu haben".

Das böse Wort von den Anti-Mafia-Karrieristen traf noch schlimmer Staatsanwalt Paolo Borsellino. Er war gerade aufgrund seiner Erfahrungen im Anti-Mafia-Ermittlungspool in Palermo zum Obersten Ermittlungsrichter in Trapani an dienstälteren Mitbewerbern vorbei befördert worden. Das veranlaßte Sciascia zu dem

Satz: „Früher haben Karrieristen ihre Laufbahnen mit Hilfe der Mafia gestrickt. Jetzt werden sie befördert, wenn sie besonders viele Haftbefehle vorweisen können."

Sciascia verfehlte seine Wirkung nicht. Orlando sah sich mit seiner aus fünf Parteien bestehenden Koalitionsregierung immer mehr zeitraubendem Gezänk ausgesetzt. „Zwei Drittel meiner Arbeit verwende ich darauf, Intrigen abzuwehren", klagte er einmal. Dennoch schien sich die Überzeugung auszubreiten, daß ein Anti-Mafia-Bürgermeister wohl nicht mehr nützlich sei. Der erklärte Mafia-Gegner Sciascia hatte gegen Orlando moralisiert. Jetzt wurde er selbst von der Mafia mißbraucht. Sie mobilisierte unter Berufung auf den Dichter Volkes Stimme in ihrem eigenen Sinn gegen die ganze Orlando-Politik. In den Bars und auf der Piazza stieg Sciascia zum Kronzeugen gegen Orlando auf, der vieles versprochen habe, für Palermo aber bislang nichts erreicht hatte. Wurde alles nicht nur noch schlimmer?

Sciascias unglücklich formulierte Befürchtung, daß Politiker und Juristen gar nicht ernsthaft die Mafia bekämpfen wollten, sondern nur so weit zu gehen bereit waren, wie es ihrer Karriere diente, wurde heillos fehlinterpretiert. Der Dichter hatte sich auf ein Terrain begeben, das er nicht überschaute. Er tat Borsellino großes Unrecht an. Bei Orlando stellt sich die Frage anders: Er macht politische Karriere als Anti-Mafia-Politiker. Er bekämpft aber auch tatsächlich wirksam die Mafia. Wäre er nur dann kein Anti-Mafia-Karrierist, wenn er sein Leben erfolglos riskierte?

9. Der Erzfeind Andreotti

Oscar Luigi Scalfaro witzelte. Der spätere italienische Staatspräsident zeigte viel Selbsterkenntnis. Es war ein Parteikongreß der Christdemokraten, auf dem 1981 endlich die Erneuerung der Herrschaftspartei eingeleitet werden sollte. Dazu wurden „externe" Experten eingeladen, um die Versammlung der bewährten DC-Rassepferde, wie die stets ins Feld geschickten Spitzenvertreter genannt wurden, die „Internen", an die Zügel zu nehmen.

Die Worte „intern" und „extern" ähneln im Italienischen dem Adjektiv „etern", ewig. Scalfaro sah von vornherein wenig Aussicht auf Erfolg für die Reformer. Er gehöre selbst zu den Eterni, den Ewigen, ironisierte er mit dem Wortspiel die tatsächlichen Kräfteverhältnisse. Gegen diese Ewigen hätten die Reformen von außen kaum eine Chance. Diese Reformer waren neben Leoluca Orlando beispielsweise Romano Prodi, der 1996 Ministerpräsident des Linksbündnisses Ulivo wurde, und Nino Andreatta, Wirtschaftsexperte und später mehrfacher Minister, unter anderem in Prodis Kabinett Verteidigungsminister.

Dem gerade 32jährigen Orlando wurde eine auf den ersten Blick problemlose Vorlage anvertraut. Die DC sollte aufgefordert werden, sich aus nichtpolitischen Organisationen und Posten zurückzuziehen. Orlando begründete den Vorschlag mit der Verfilzung der Partei mit Gesellschaft, Staat und Wirtschaft, die schließlich zu Korruption, Geschäftemacherei, Pfründenwirtschaft führe. „Die Identifizierung von DC und Staat muß beendet werden", und die Partei muß die „vitalen Regeln der Welt akzeptieren", trug Orlando den Delegierten im zuständigen Fachausschuß vor.

Parteiführer sollten nicht gleichzeitig Vereine leiten, Manager in Firmen stellen, ihre Anhänger an einflußreichen Positionen plazieren und überall mitmischen wollen, kurz: alles mit Partei- statt mit Fachleuten zu durchsetzen sollte endlich verboten werden. Für Orlando und seine Kollegen war es keine Frage, daß dieser Beschluß ruck zuck akzeptiert würde. Es schien ihm selbstverständlich zu sein. Zum Erstaunen der ganzen Kommission erhob sich Giulio Andreotti und verurteilte das Ansinnen der Reformer in einer Schärfe, als ginge es ihm um seinen Lebensnerv und den seiner Partei.

Der Ausschuß wurde von dem Altpolitiker und ebenfalls mehrfachen Minister Paolo Emilio Taviani geleitet. Nach Andreottis Tirade ließ er per Handzeichen schnell abstimmen und stellte noch schneller fest, daß der Antrag abgelehnt worden sei, gab es zu Protokoll und scherte sich nicht weiter darum. Selbst bei oberflächlicher Beobachtung hätte er erkennen können, daß die Mehrheit gegen Andreotti gestimmt hatte. Taviani stellte absichtlich ein falsches Ergebnis fest.

Orlandos Gruppe legte Beschwerde ein. Doch in den Parteitagsakten wurde nur die Ablehnung festgehalten. Eine Unterschriftensammlung gegen Tavianis Manipulation änderte nichts. Orlando hatte seine erste Erfahrung mit Andreotti und seiner Macht gemacht. Sie hätte nicht negativer sein können und bestimmte fortan sein Verhalten gegenüber dem listigen Römer.

Der Sommer 1987 wird ungewöhnlich heiß und schwül, als wollte sich das Wetter dem politischen Sizilien anpassen. Spannung liegt in der Luft, und niemand weiß so recht, woher sie eigentlich kommt. Vieles wird erst fünf Jahre später deutlich, als das alte „christdemokratische Rassepferd" Giulio Andreotti von reuigen Mafiosi auf die Anklagebank gebracht wird.

Unter den Hauptanklägern außerhalb des Gerichtssaales: Leoluca Orlando. Für ihn ist Andreotti, wenn schon nicht rechtlich belangbar, so doch politisch und auf jeden Fall moralisch für den viel zu lange andauernden Schutz der Mafia durch die Politik verantwortlich.

In diesem Sommer 1987 sollen sich jene Dinge abgespielt haben, die Orlando zum unversöhnlichen Gegner Andreottis gemacht haben. Es ist der Sommer des bislang nicht bewiesenen Mafia-Kusses des Giulio Andreotti und des Bosses der Bosse, des inzwischen verhafteten Toto Riina.

Der Hintergrund: 1980 entsteht in Palermos Armenviertel die katholische Basisbewegung „Stadt für den Menschen". Die Gruppe wird von dem Jesuiten Ennio Pintacuda geführt. Er hat die Unterstützung des mafiakritischen Erzbischofs von Palermo, Kardinal Salvatore Pappalardo. 1985 stößt der Jesuit Bartolomeo Sorge, Chefredakteur der dem vatikanischen Staatssekretariat nahestehenden Ordenszeitschrift „Civiltà cattolica", hinzu.

Sorge war in Rom in Ungnade gefallen. Im „Exil" in Palermo engagierte er sich für den Kampf gegen die Mafia und fand in dem linkskatholischen Christdemokraten Leoluca Orlando, Anhänger des innerparteilichen Andreotti-Gegners Ciriaco De Mita, einen politischen Arm.

1981: Höhepunkt des gegenseitigen Ausrottungskrieges innerhalb der Mafia. Die moderaten, traditionellen Mafia-Bosse Bontade, Inzerillo und Hunderte ihrer Anhänger werden umgebracht. Tommaso Buscettas Familie wird nahezu vollständig ausgelöscht. Buscetta flieht und wird nach einem Jahrzehnt zum berühmtesten „Pentito", einem „Reuigen", dem als Kronzeuge nach einem noch von Andreotti initiierten Gesetz besonderer staatlicher Schutz gewährt wird.

1982 schickt der erste nichtchristdemokratische Ministerpräsident in der Nachkriegsgeschichte, der Republikaner Giovanni Spadolini, den Carabinieri-General Carlo Alberto Dalla Chiesa als Polizeichef nach Palermo. Stadt und Region empfangen ihn feindselig. Bürgermeister in Palermo ist Nello Martellucci, ein Mann Andreottis.

Ciriaco De Mita, damaliger Chef der Christdemokratischen Partei und zugleich Ministerpräsident, der Mann des linken DC-Flügels, baut seine Position in Sizilien mit Orlando aus. Palermos Erzbischof, Kardinal Pappalardo, kämpft mit ihm für die Moralisierung der Politik. Die Zielrichtung ist klar. Die Stadtverwaltung von Palermo, die Präsidentschaften der Provinz und der Region sind fest in den Händen von andreottinischen Christdemokraten.

Am 3. September 1982 wird General Dalla Chiesa, Polizeipräfekt von Palermo, zusammen mit seiner Frau und dem Fahrer von der Mafia ermordet. Angeblich hat Andreotti verhindert, daß ihm zum wirksamen Kampf gegen die Mafia die gewünschten Vollmachten übertragen worden seien.

Sein Sohn Nando Dalla Chiesa belastet Andreotti noch schwerer. Sein Vater habe Andreotti vor der Versetzung nach Sizilien getroffen und ihm ins Gesicht gesagt, daß seine sizilianischen Parteigänger bis zum Hals in der Mafia steckten. Der damalige Vorsitzende des Auswärtigen Ausschusses sei „leichenblaß im Gesicht" geworden.

Im September 1985 gelingt es Orlando, sich mit Hilfe der Kommunisten auf dem Bürgermeisterstuhl festzusetzen. Er führt eine „moralische Mehrheit", wie sie der sozialistische Europaabgeordnete Gianni Baget Bozzo nennt. Aber er kann die Kommune nicht aus der Krise führen.

1988 erhebt sich die Straße gegen Orlando. Wochenlange Streiks lähmen die Stadt. Von der Straße hört Orlando die Rufe „Wir wollen Lima wieder haben." Der habe wenigstens die Löhne bezahlt. Es reiche eben nicht, nur „Nieder mit der Mafia!" zu rufen.

20. September 1987. Die gesamte Prominenz der christdemokratischen Staatspartei gibt sich ein Stelldichein. Die Hauptstadt Siziliens ist der Schauplatz des diesjährigen DC-„Festes der Freundschaft". Die Rednerliste liest sich wie der Gotha der Parteiführung. Ganz so steif und vornehm geht es allerdings nicht zu. Die Herren geben sich in Hemdsärmeln mit gelockerten Krawatten, wenn überhaupt mit welchen.

Selbst Außenminister Giulio Andreotti hat sich vom dunklen Zweireiher befreit. Die Hitze lockert die Bräuche und den Terminplan. Auf dem Programm steht um 10.30 Uhr ein Lieblingsthema des prominenten Außenministers: „Europa, Sizilien und das Mittelmeerbecken". Zum zweiten Mal soll er an diesem Tag das Wort um 15.30 Uhr ergreifen: „Die Überwindung der Ideologien und die Gefahr des puren Pragmatismus in den politischen Lagern".

Im September steigen die Temperaturen noch immer gewaltig in die Höhe. Es wird auch schwül, und jedermann ist froh, daß die Nachmittagsveranstaltung verschoben wird. Andreotti soll seinen zweiten Vortrag deshalb erst um 18.00 Uhr halten.

Der Minister trifft am Morgen auf dem Flugplatz von Palermo ein und wird unter den üblichen Sicherheitsvorkehrungen zum Hotel „Villa Igea", dem ersten Haus am Platz, gebracht. Dort herrscht das übliche Durcheinander und Gedränge.

Die Staatsanwaltschaft Palermo stellt später fest, daß

deshalb kaum die Ein- und Ausgänge genau beaufsichtigt werden konnten. Eine naive Behauptung, die jeder widerlegen kann, der nach den Jahren der terroristischen Anschläge in Italien (oder auch in Deutschland) je eine Veranstaltung mit hochrangigen Politikern besucht hat. Die Journalisten wissen ein Klagelied über die Sicherheitskontrollen zu singen.

Dennoch gehen die Ermittler davon aus, daß Andreotti nach der Vormittagsveranstaltung sich ungesehen und unerkannt davonschleichen konnte, um, auf einen kurzen Nenner gebracht, mit dem Boß der Bosse, Salvatore „Toto" Riina, den Mafia-Bruderkuß der Ehrenwerten Herren zu tauschen.

In seinem distanzierenden Buch „Cosa loro" (Ihre Sache) im Gegensatz zu „Cosa Nostra" (Unsere Sache, Bezeichnung der Mafia selbst) führt Andreotti im Herbst 1995 die Vorwürfe nach eigener Überzeugung ad absurdum. Beweisen kann keine Seite etwas.

Der Kronzeuge gegen ihn ist der „reuige" Mafioso Baldassare Di Maggio. Der wiederum hat durchaus Gewicht, auch wenn Andreotti den Staatsanwälten zu Recht vorwerfen kann, sich auf die Aussagen von Kriminellen und Massenmördern zu stützen.

Di Maggio war immerhin einer der engsten Vertrauten des zwanzig Jahre untergetauchten Riina. Er hat ihn schließlich am 15. Januar 1993 verraten und die Verhaftung des meistgesuchten Mafioso Italiens ermöglicht. Wenn seine Aussagen zutreffen sollten, hätte Andreotti die ganze Zeit über Riinas Adresse gekannt.

Nach Di Maggios Aussagen rekonstruierte die Staatsanwaltschaft den weiteren Verlauf des fatalen Tages. Am Mittag entließ demnach Andreotti seine Bewacher zur Erholung. Statt am gemeinsamen Essen mit seinen Parteifreunden teilzunehmen, zog er sich zurück. Wohin? Da gehen die Aussagen auseinander. Andreotti selbst versichert, sich etwas ausgeruht und zwei Interviews redigiert zu haben, die dann anderntags auch tatsächlich erschienen. In der Hotelöffentlichkeit wurde er erst wieder am späten Nachmittag wahrgenommen.

Soweit die rekonstruierte Darstellung dieses Wahlkampftages (s. Hanspeter Oschwald: Giulio Andreotti – Aufstieg und Fall eines Mächtigen, Herder-Spektrum 4519). Über den Inhalt des angeblichen Gesprächs zwischen Riina und Andreotti gibt es noch weniger zuverlässige Angaben. Angeblich soll es darum gegangen sein, daß die Mafia drohte, bei den bevorstehenden Parlamentswahlen nicht mehr für die Christdemokraten stimmen zu lassen, sondern anderen Parteien die Mafia-Stimme zukommen zu lassen. An erster Stelle stehen die Sozialisten.

Von solchen Absprachen weiß Orlando nichts und kann nichts wissen. Ihm fällt in diesem Wahlkampf nur auf, daß in Palermo ein selten offen genanntes Thema den Wahlkampf überschattet. Wen werden die Mafiosi empfehlen? Das Votum der Clan-Bosse in den Stadtvierteln ist entscheidend für ganze Stadtteile.

Die DC, so schreibt Orlando drei Jahre später in einem autobiographischen Buch über seine ersten Bürgermeisterjahre in Palermo, „hat immer Zustimmung der Mafia an sich gezogen". Doch diesmal kursiert das Gerücht: „Für die Democrazia Cristiana von Sergio Mattarella und Leoluca Orlando wird nicht gestimmt." Orlandos DC wird bereits als Gegner des größeren Teils der palermischen DC und ihrer Klientel betrachtet.

Dennoch räumt Orlando später auch ein, daß es nur schwer zu sagen sei, inwiefern die Mafia in diesem Jahr tatsächlich politischen Druck ausgeübt, tatsächlich Stimmen „umgeleitet" hat und damit tatsächlich gegen Andreotti stimmen ließ. Nicht einmal klar ist, welche Absichten die Wähler wirklich verfolgten. Die DC jedenfalls schnitt mit einem kaum veränderten Ergebnis ab, und die Sozialisten, die angeblich am meisten von der Drohung der Mafia profitieren sollten, legten in ganz Sizilien gerade soviel zu wie im übrigen Italien auch. Es war die Zeit des aufsteigenden Sterns von Bettino Craxi, des künftigen Ministerpräsidenten, der inzwischen wegen Korruption verurteilt worden ist und sich durch Flucht nach Tunesien der Strafe entzogen hat.

Orlando beobachtete lediglich, daß die DC schon seit Mitte der 80er Jahre nicht mehr so massiv von der Mafia unterstützt wurde wie in den Jahrzehnten zuvor. Er selbst hat schließlich davon profitiert. Anders wäre er kaum Bürgermeister des „Frühlings von Palermo", wie seine 1985 begonnene Amtszeit später verklärt getauft wurde, geworden.

Er hat sich zum Ziel gesetzt, die mafiose Unterstützung der DC zu zerbrechen. Drei verschiedene Mafia-Stimmen galt es nach seiner Analyse zu bekämpfen. Die erste Gruppe bestimmten die Bosse. Ihre Familien und Clans beschlossen, wer zu wählen sei, weil die Kandidaten selbst Mafiosi waren, der Mafia verpflichtet wurden oder bereit waren, Mafia-Erwartungen zu erfüllen, sprich gewinnträchtige Aufträge zukommen zu lassen, wenn sie gewählt würden.

Die Bosse ließen durch Andeutungen, die in den von ihnen beherrschten Vierteln jedermann verstand, klar erkennen, wo ihre Präferenzen lagen. Ein offener oder gar öffentlicher Aufruf wäre undenkbar. Die Mafia bediente sich immer der Andeutungen, der Zeichen und einer chiffrierten Sprache. Jedermann wußte, was gemeint war, obwohl niemand es klar gesagt hatte.

Die zweite riesige Gruppe bildeten diejenigen, die wußten, wen sie zu wählen hatten, wenn sie die Erwartungen der „Ehrenwerten Gesellschaft" aus welchen Motiven auch immer erfüllen wollten.

Die dritte Wählerschicht wiederum folgte den Mafia-Empfehlungen, weil sie Angst vor jeder Veränderung hatte. Zur Mafia selbst konnten diese Wähler nicht gezählt werden. Sie stabilisierten aber die Mafia. Das war Orlandos wichtigste Zielgruppe.

Italien wählte 1987 noch an eineinhalb Tagen. Die Wahllokale öffneten am Sonntag und schlossen nach einer nächtlichen Pause erst am Montag um 14.00 Uhr. Da es keine Briefwahl gab, wurden die Zeiten für die Urnengänge so weit ausgedehnt, damit niemand wegen Zeitmangels nicht teilnehmen konnte.

Demonstrativ fuhr Bürgermeister Orlando am Schlußtag bei der Schließung der Wahllokale in den von der Mafia beherrschten Stadtteil Brancaccio. Zuerst begrüßte er in einer zum Abstimmungslokal hergerichteten Schule die Wahlhelfer. Danach setzte er sich in ein Straßencafé am wichtigsten Platz des Viertels und erlebte eine seltsame Isolation.

„Ich bin ein populärer Bürgermeister. Menschen, die mir begegnen, kommen zu mir, schütteln mir gerne die Hand und bitten oft um ein Autogramm", notierte Orlando. Doch an diesem Tag mußte er seinen Espresso ganz allein trinken. Selbst ein weitläufiger Freund traute sich nicht, zu ihm herüberzukommen, als er auf der anderen Straßenseite vorbeiging. Verlegen schaute er weg und beeilte sich weiterzukommen, „als wollte er sich quasi entschuldigen".

Für Orlando signalisiert dieses Verhalten die Gewißheit, daß die Gerüchte nicht aus der Luft gegriffen waren, wonach die Mafia empfohlen hatte, gegen ihn zu votieren.

Am nächsten Morgen, als dieser Trend bestätigt wurde, ließ er ein Kommuniqué veröffentlichen, das kaum verschleiert undifferenziert alle seine politischen Gegner der Mafia zurechnete: „Es weckte Besorgnis, daß ganze Bereiche, die traditionell der organisierten mafiosen Kriminalität zuneigen, sich überwiegend anderen Parteien zugewandt haben."

Konsultiert hatte er zuvor niemanden, weil er fürchtete, daß man ihm abraten würde, diese Worte zu wählen. Orlando wollte sich an die Öffentlichkeit wenden, um klarzumachen, daß er nicht nur parteiintern einen Anti-Mafia-Kurs durchsetzen wollte, sondern dies auch öffentlich bekannte. Er wollte den Vorhang des Schweigens durchbrechen, der darin bestand, daß sich die Palermer lieber dreimal auf die Zunge bissen, als das Wort Mafia offen auszusprechen oder zuzugeben, daß sie sich von der Mafia beeinflussen ließen.

10. Ohrfeige für einen Freund

Am nächsten Tag bekam er frühmorgens bereits Besuch im Palazzo delle Aquile, dem Rathaus. Der neugewählte christdemokratische Abgeordnete Vito Riggio wollte ihn dringend sprechen. Orlando erwartete ein freundschaftliches Gespräch unter alten Freunden, die erfolgreich eine Wahlschlacht geschlagen hatten. Doch der sich bis dahin vehement für Orlandos Kurs engagierte Riggio warf ihm höflich, aber bestimmt vor, allzu unvorsichtig gehandelt zu haben.

Orlando konnte nicht an sich halten und antwortete mit bitteren Vorwürfen: „Wir haben hier zwar innerhalb der DC nur zehn Prozent, und dennoch haben wir für gewaltige Aufregung gesorgt. Wir haben Stadträte, Kreistagsabgeordnete, Regional- und nationale Abgeordnete gekippt. Wir haben unsere Linien verteidigt und dabei Ministerämter besetzt, unsere Kandidaten wurden zu Abgeordneten gewählt, wir stellen Bürgermeister und Regionalpräsidenten und Parteisekretäre. Und jetzt, was sollen wir tun? Sollen wir so tun, als ob uns jenes Problem der Mafia nichts mehr angeht?"

Riggio hörte wie versteinert zu, „mit offenem Mund", erzählte Orlando in einem Interview. Riggio hatte alles andere als diesen Ausbruch erwartet. Er ließ sich auch nicht davon überzeugen, daß Orlandos Erklärung gegen die Mafia notwendig war, um die Glaubwürdigkeit der DC-Erneuerer zu untermauern. Nach der Gardinenpredigt drehte er sich um, verließ mit lautem Türknall das Amtszimmer des Bürgermeisters. Das war der Bruch.

Der Streit mit dem Jugendfreund Riggio wirft ein bezeichnendes Licht auf Orlandos Charakter. Er selbst sieht sich zwar unbeirrbar auf seinem Weg als „Persönlichkeit der Vorsehung". Riggio kreidet ihm diese charakterlichen Schwächen besonders an: die Selbstüberschätzung und die Alleingänge.

Jahre später berichtet Riggio, daß Salvo Lima zuerst ihm das Bürgermeisteramt angeboten hatte, um Orlando zu verhindern. Doch er sei „wie ein englischer Kolonialoffizier. Wenn die Mission erfüllt ist, trete ich ab. Bürgermeister wird Luca." Lima hatte verstanden und ging. Mit Riggio war nicht zu dealen. Orlando dagegen hatte es nicht einmal für nötig erachtet, seinen Freund und immerhin DC-Fraktionsvorsitzenden Riggio von den eigenen Bemühungen um das Amt zu informieren.

Zuhören ist ebenfalls nicht gerade die Stärke des ehrgeizigen Orlando. Widerspruch erträgt er nur schwer. Nachtragend wie eine beleidigte Jungfrau riskiert er nach Riggios Erfahrung jede Freundschaft, wenn es ihm für sein höheres Ziel sinnvoll erscheint. In einem Interview warf er Riggio vermutlich unter Anspielungen auf Frauengeschichten vor, „Salons zu besuchen, die man besser meidet". Als ihm Riggio vorhielt, das könne er auch ihm, Orlando, nachsagen (zu Recht, wie Orlando-Kenner in Rom versichern), wandte sich der ohne ein Wort ab. Riggio hätte ihm am liebsten eine Ohrfeige verpaßt.

Ein zweites Mal spürte Riggio nach eigenen Worten den unbändigen Wunsch, Orlando eine herunterzuhauen, während einer Sitzung des Stadtrates von Palermo. Riggio näherte sich Orlandos Platz, um mit einem benachbarten Ratsmitglied zu sprechen. Bei dieser Gelegenheit wollte er wieder ein Gespräch auch mit

Orlando anknüpfen. Der knurrte ihn nur an: „Tu mir einen Gefallen und verschwinde!"

Die Eiszeit zwischen den beiden wurde nur 1993 kurz unterbrochen. Riggio entdeckte Orlando im Parlament in Rom und schrieb ihm eine kleine Botschaft. Orlando ging tatsächlich darauf ein und kam zu ihm. Sie wechselten ein paar Worte. Doch nach drei Tagen brach wieder alles zusammen.

Im Fernsehen brüstete sich ein Orlando-Freund, nach dem Wahlerfolg nähere sich selbst Riggio wieder Orlando an und schicke „Liebesbotschaften". Riggio sprach Orlando darauf an, doch der leugnete. Er habe nie etwas über die kleine Botschaft erzählt. „Er hat sich nicht geändert. Er gebraucht die Menschen, wie es gerade nützt", stellte Riggio enttäuscht fest. Fortan nahm er keinerlei Rücksicht mehr auf die einst freundschaftlichen Beziehungen: Wenn Orlando irrte, dann mußte dies auch gesagt werden dürfen.

Viele Wähler stimmten dem Bürgermeister jedoch zu. Sie schrieben ihm eine Unmenge Briefe und dankten für seinen Mut. Doch die meisten Anhänger zogen es vor, anonym zu bleiben. „Ich fühlte mich aber etwas weniger einsam", notierte Orlando.

Empört reagierte jedoch nicht nur der ängstlichere Teil der linken Christdemokraten auf Orlandos Mafia-Angriff. Gehässig eröffneten die Sozialisten eine Kampagne im mafiadurchsetzten „Giornale di Sicilia" und warfen Orlando unausgesprochen vor, selbst von Mafiastimmen abhängig zu sein: „Mafioso ist, wer darauf anspielt", hieß einer jener Slogans, mit denen in dem Blatt der Bürgermeister der Stadt diskreditiert werden sollte. Orlando sah darin nur die Reakation eines Kindes, das beim Klauen von Marmelade ertappt worden ist.

11. Intrigen und Angriffe von allen Seiten

Die Folgen der offenen Verdächtigungen der Sozialisten waren für Orlandos Rathaus-Koalition aus fünf Parteien fatal. Er konnte sich neben der eigenen DC auf die Sozialdemokraten, die Grünen, die Linksunabhängigen und die „Stadt für den Menschen" sowie bis dahin auf die Sozialisten stützen. Das entsprach in etwa auch der Regierungsformation in Rom, wenn man von den kleineren Beteiligungen der Grünen und Linksunabhängigen absah. Jetzt zeichnete sich zum ersten Mal ein Bruch im traditionellen politischen Gewebe der Stadt ab. Leoluca Orlando wollte auf keinen Fall auf sein Bürgermeisteramt verzichten. Wenn die Sozialisten nicht mehr zur Verfügung standen, brauchte er eine neue Mehrheit. Er wollte den großen Sprung einer Regierung mit den Kommunisten versuchen.

Dies bedeutete aber auch zugleich, daß eine „abnormale" Koalition entstanden war, die unter doppeltem Beschuß stand. In der Stadt selbst kämpfte sie gegen die omnipotente Mafia, und in der eigenen Partei wurde er mißtrauisch beäugt, weil in Palermo zum ersten Mal die Kommunisten offen in eine Regierungskoalition einbezogen werden sollten. Rom fürchtete um nationale Auswirkungen des Historischen Kompromisses auf palermisch.

In Palermo wurde eine neue Regierungsformel anvisiert, die fast zehn Jahre zuvor in Rom nach der Ermordung von Aldo Moro, dem großen Verfechter des Historischen Kompromisses einer Koalition von Christdemokraten und Kommunisten, gescheitert war. Aus der Annäherung von DC und KPI profitierten nicht die Kommunisten, sondern zuerst die Christdemokraten und danach noch mehr die Sozialisten. Die Kommunisten waren zu dieser Zeit von einer Machtbeteiligung weiter entfernt als im Jahrzehnt davor. Die Sieger des historischen Prozesses sahen keinen Grund, das Experiment zu wiederholen. Orlandos relativer Erfolg in Palermo geriet ins Visier der römischen Parteistrategen, denen Palermo ein lästiges Experiment zu werden drohte.

Die Sozialisten jedenfalls verließen die „Junta", die Stadtregierung, und zwangen Orlando nach zwei Jahren im Amt, ohne Mehrheit den Rücktritt zu erklären. Der gerade neugewählte DC-Parlamentsabgeordnete Leoluca Orlando spürte das Unbehagen in der Partei, als er am 5. August 1987 im Palazzo Montecitorio, dem Sitz des italienischen Abgeordnetenhauses in Rom, zusammen mit seinem Gesinnungsfreund Sergio Mattarella von Parteichef Ciriaco De Mita zu einem Spaziergang in den Transatlantico gebeten wurde. Das ist die große Halle im Parlamentspalast, die mit einem Ozeanriesen verglichen wird.

Im großen Sitzungssaal wurde gerade über das Vertrauen für die neue Regierung des christdemokratischen Ministerpräsidenten Giovanni Goria heftig debattiert. Mafia-Präsenz belastete das neue Kabinett. Der aus Sizilien stammende republikanische Minister Aristide Gunella mußte sich Mafia-Verwicklung vorhalten lassen. Das christdemokratische Regierungsmitglied Salvo Lima spaltete selbst das Lager der eigenen Partei, weil er zu offen der Mafia zugerechnet werden konnte.

Zur selben Zeit spazierte Parteichef De Mita mit seinen beiden sizilianischen Anti-Mafiosi durch die Halle.

Vielleicht wollte er damit auch nur demonstrativ seinen Debattenbeitrag zeigen, ohne das Wort zu ergreifen: Seht her, es mögen zwar Mafia-Komplizen in der Regierung sein, der Parteichef aber steht an der Seite von deren Gegnern. Bettino Craxi kam vorbei, schüttelte „mit eiskalter Hand" die Hände der drei Christdemokraten. Der ewige Polit-Rebell der italienischen Parteienlandschaft, der Radikale Marco Panella, spottete dem Trio zu, Orlando möge doch die Namen der Mafiosi nennen, die für die Radikalen votiert hätten, „damit ich ihnen persönlich danken kann".

Randerscheinungen, Nebenwirkungen. Als Hauptzweck des parlamentarischen Schlenderns verfolgte De Mita ein ganz konkretes Vorhaben, das nichts mit der Vertrauensdebatte zu tun hatte. „Sucht nach einer anderen Regierung für Palermo." Also ohne Kommunisten. Doch ohne sie hätte Orlando keine Mehrheit gehabt. Und mit den Sozialisten? Auf keinen Fall. De Mita ermahnte: „Ihr seid verrückt, wenn ihr so weitermacht." Keiner der beiden ließ sich überzeugen. Schließlich beendete De Mita sein erfolgloses Bemühen mit der Aufforderung: „Es ist August, es ist heiß, geht in Ferien."

Beim Weggehen ließ er noch einen drohenden Satz fallen. „Es würde mir leid tun, wenn ich euch aus der Partei ausschließen müßte. Es wäre auch nicht einfach, gerade weil das Experiment von Palermo für die Erneuerung der Partei beispielhaft sein soll."

Sergio Mattarella war Minister im neuen Kabinett geworden, und Leoluca Orlando scherzte: „Stell dir vor, du wärst der erste christdemokratische Minister, der aus der Partei ausgeschlossen ist." So sicher war er sich, daß sein Kurs in Palermo der einzig richtige sei: zusammen mit einer Koalition der moralischen Mehrheit einschließlich der Kommunisten gegen den korrupten Sumpf von Teilen der DC.

Dennoch versuchte Orlando zu Hause zunächst die Sozialisten für eine Fortsetzung der Koalition in Palermo zu gewinnen. Doch die forderten einen zu hohen Preis: entweder sie stellen den Bürgermeister oder nichts geht mit ihnen. Gleichzeitig setzten sie ihre Pressekampagne gegen den „lieben und netten Orlando" fort, der leider „ein mieser Bürgermeister" sei. Am Rande wechselseitiger Beleidigungen sah nun selbst De Mita ein, daß er Orlando besser nicht mehr bremsen sollte. Er gab grünes Licht für die Linkskoalition mit den Kommunisten.

Montagmorgen, 10. August 1987. Schon am Vormittag steigen die Temperaturen auf 35 Grad. Ein letzter Versuch scheitert, eine Koalition ohne Kommunisten, aber mit den römischen Partnern, den Liberalen und den Republikanern, zustande zu bringen. Wenige Stunden später tritt der Stadtrat zusammen, um einen neuen Bürgermeister zu wählen, der eine ausreichende Mehrheit hinter sich bringen konnte.

Im letzten Augenblick bekommen selbst die Kommunisten kalte Füße. Aufgeregte Telefonate. Schließlich wird Orlando wieder zum Bürgermeister von Palermo gewählt, diesmal mit der erstmaligen Unterstützung von einzelnen Kommunisten. Die Partei selbst stimmt ihm nicht zu.

Auch die wieder aufgenommene Amtszeit des Bürgermeisters Orlando wird überschattet von Mafia-Morden. Am 12. Januar 1988 wird sein Vorgänger Giuseppe Insalaco auf dem Heimweg an einer Kreuzung in einem Palermer Wohnviertel am Steuer seines Fiat 132 erschossen. Die Mafia löste sofort eine Verschleierungskampagne aus. Jeder wußte, daß Insalaco die Namen zwielichtiger Politiker öffentlich genannt hatte, die zu dem sogenannten Geschäftsausschuß gehörten. Dort wurden die gewinnträchtigen öffentlichen Aufträge verteilt. Drei Jahre lang wog ihn die Mafia seither in Unsicherheit, drei Jahre, in denen Insalaco abwechselnd glaubte, er habe alles überstanden und er schwebe in Todesgefahr.

Schon wenige Stunden nach dem Mord war die Gerüchteküche angeheizt. Gerüchte, deren Ursprung niemand ausfindig machen konnte. Sie waren plötzlich in aller Munde. Insalaco, nein, der wurde nicht aus politischer Rache ermordet. Die Mafia, nein, die hat damit überhaupt nichts zu tun. Spuren verwischen, Desinformation streuen, die Menschen verunsichern. So steuert die Mafia die öffentliche Meinung. Sie säte so viele Zweifel, daß es schon wieder Gewißheit war, daß nur sie den Mord begangen haben konnte.

Doch wehe, wenn sie direkt beschuldigt wurde. Wer dies tat, war ganz schnell ganz einsam. So auch der Bürgermeister. Er ging als erster Politiker der Stadt ins Trauerhaus, wo der Leichnam aufgebahrt war. Keiner außer den engsten Familienangehörigen folgte ihm. Solch ein Besuch war zu deutlich ein Zeichen der Solidarität mit einem Mafia-Opfer.

Nur wenn es um die großen Aufmärsche, um öffentliche Demonstration der Unschuld ging, dann waren alle zur Stelle, um Abscheu, Zorn und tiefes Mitleid zu demonstrieren. Zur öffentlichen Beisetzung reihte sich ganz Palermo in den Trauermarsch ein. Auch so führte die Mafia vor, wie stark sie mit der Gesellschaft verfilzt war.

Orlando spürte die ganz andere Gemütslage in der überfüllten Kathedrale, wo Palermo Abschied von seinem früheren Bürgermeister nahm. Die zur Schau gestellte und dennoch distanzierte Trauer um einen, der „doch selber schuld war", wie das Murmeln unter den Pseudobewegten erkennen ließ, verunglimpfte den Abtrünnigen von der Mafia-Ordnung noch als Opfer zum Täter.

Orlando schnürte es den Hals fast zu. Am Ende der kirchlichen Trauerfeier hielt es ihn nicht mehr an seinem Platz unter den Ehrengästen. Er erinnerte sich an einen Abend im Stadtrat. Nach einer heftigen Attacke der Ciancimino-DC wurde Insalaco als „schamlos" bezeichnet, ein Wort, das im politischen Streit selten ist. In Palermo hat es aber eine besondere Bedeutung. Ein „infamer" Politiker, der in Verbindung zur Mafia steht, hat damit sein Todesurteil vernommen. Das Wort kündigte dem Betroffenen so etwas wie eine mafiose Fatwa an: Rache für Verrat.

Ein kurzer Schritt, und Orlando fügte sich unter die Sargträger ein, um für einige Meter wenigstens die Bürde des schweren Sarges seines Vorgängers auf dem letzten Gang zu tragen. Ein symbolischer Akt, aus einem augenblicklichen Impuls entstanden, mit dem er sagen wollte: Hier wird das Opfer eines Mordes betrauert, von dem ihr alle wißt, wer ihn begangen hat.

Die Mafia verstand die Botschaft und antwortete postwendend. Wenige Stunden, nachdem sich das Grab über Insalaco geschlossen hatte, wurde der Polizist Natale Mondo erschossen. Er war Leibwächter von Ninni Cassarà, der am 6. August 1985 ermordet wurde, als Orlando gerade Bürgermeister von Palermo wurde. Damals sollte er vermutlich ebenfalls in die Luft gesprengt werden. Er konnte sich mit einem Sprung unter den gepanzerten Wagen retten und wurde seither verdächtigt: „War das Zufall oder nicht?" Die mafiose Gerüchteküche zerstört so ihre Opfer, lange bevor sie sie wirklich tötet.

Mit der Ermordung von Insalaco konnte die Mafia zunächst triumphierend feststellen, daß ein Störenfried ihrer Geschäfte beseitigt war. Sie provozierte aber auch eine politische Lösung. Sie wurde Orlando als übertrieben und hysterisch angekreidet. Das mag sogar zutreffen. Auf jeden Fall zielt sie in die richtige Richtung. Orlando hat sie als einzige wirksame Waffe im politischen Kampf gegen die Mafia erkannt: Die Vergabe von öffentlichen Großaufträgen sollte direkt dem Ministerpräsidenten unterstellt werden, um den Zugriff der lokalen Mafia zu erschweren.

Konkreter Anlaß war das neue Viertel von Palermo, Zen, ein Neubaugebiet, in dem Tausende von Familien lebten, deren Häuser aus der Ferne betrachtet zwar wie jedes moderne Großstadtareal aussehen. Wer jedoch durch die Straßen oder besser über die ungepflasterten Pisten geht, sieht in einen Slum aus Rohbauten, halbfertigen Betonkonstruktionen, in denen Wasser, Abwasser, Kanalisation „vergessen" wurden. Nur die überhöhten Rechnungen der Mafia-Unternehmen waren bezahlt. Einige Häuser wurden zudem noch ohne Genehmigung gebaut. Bis zu Orlandos Amtsübernahme gab es in Palermo nicht einmal einen Bebauungsplan.

Der Stadtrat stimmte in einem ersten Anflug von Entschlossenheit dem Beschluß zu, der sich an die neue Regierung unter Giovanni Goria richtete. Orlando hatte ihn überzeugt, daß im Augenblick kaum mehr zu tun war, wenn Insalaco wenigstens für etwas Sinnvolles gestorben sein sollte.

Machten sich die Mafia-Bosse noch gute Hoffnungen, daß diese Orlando-Initiative ohne großen Erfolg versanden werde, so fühlten sich weitaus mehr in ihren Pfründen bedroht, als der Bürgermeister einen anderen Schandfleck Palermos angehen wollte. Die im Krieg teils zerstörte und im erhaltenen Teil in den Jahrzehnten danach völlig verkommene Altstadt. Sie sollte wiederaufgebaut werden, und zwar ganz anders, als es bisher üblich war.

Orlando setzte nach einer langen Auseinandersetzung im Stadtrat mit einem Beschluß weit nach Mitternacht durch, daß die Planung nicht an einheimische Architekten vergeben werden sollte, sondern an Experten, gleich woher sie kommen würden. Diesmal mobilisierte die Mafia die Straße gegen Orlando. Kundgebungen hielten dem Stadtoberhaupt vor, seine Machtbefugnisse mißbraucht zu haben, den Ruf der Palermer beleidigt und alles in allem einen ungültigen Beschluß gefaßt zu haben.

Orlando sah sich diesmal nicht nur im Visier der Mafia, sondern auch einer Bürgerschicht, die zwar mit dem Kraken nichts zu tun haben wollte, aber im Windschatten der Mafia glaubte, ungestört ihre Schäfchen ins trockene bringen zu können, sprich ungestört Geschäfte machen zu können.

Plötzlich schallte es dem Bürgermeister entgegen, es sei nicht genug, die Mafia zu bekämpfen. Wenn man selber leere Hände habe, solle man sich nicht mit Aufgaben übernehmen, die der Stadt nichts brächten. Die Straße signalisierte dem Bürgermeister überdeutlich: „Wir sind mit dir, aber nur wenn es uns bessergeht als vorher."

Doch was war in dieser Zeit und in geringerem Maß bis heute Palermo ohne Mafia? Ein Sack voller Probleme, eine Stadt ohne wirtschaftliche Basis, eine verblühte Schöne, deren Bürger, Intellektuelle und Oberschichten nach dem Krieg das Weite gesucht haben. Nicht nur arme Gastarbeiter aus Sizilien leben heute in Mailand, Paris, London und New York. Die tragende Gesellschaft hat Palermo nach dem Krieg der Mafia überlassen. Statt selbst an den Wiederaufbau zu denken, zogen es viele vor, ihre Villen an die Mafia zu verkaufen. Die strich mit Bodenspekulationen einen Millionengewinn ein.

Der Beschluß zum Wiederaufbau des historischen Zentrums ging in der DC-Fraktion gerade mit 16 gegen

15 Stimmen durch. Orlando machte unter den Stadträten, die offensichtlich gerne für seine Absicht gestimmt hätten, zwei Andreotti-Anhänger aus. Sie wurden wiederholt von ihren Gesinnungsfreunden „bearbeitet", damit sie nicht umfielen, obwohl doch die Sanierung eines einstmals prächtigen Viertels, das Johann Wolfgang Goethe bewundert hatte, ein Anliegen der ganzen Stadt hätte sein müssen. Palermos Altstadt war ein Minenfeld von Mafia-Interessen. Sie ist es noch heute.

Schon 1980 berichtete ein Kronzeuge gegen Andreotti, der reuige Mafioso Tommaso Buscetta, wie wichtig die Altstadt für die mächtigste Familie der Mafia war. Einer der Bosse der Cosa Nostra, einer der Oberen des Corleonese-Clans, des Clans von Toto Riina, schickte ihn einst in die sizilianische Hauptstadt. „Kümmere dich um die 250 Hektar der Altstadt." Dank der Verbindung zu Bürgermeister Vito Ciancimino könnten hier Millionen-Gewinne in der Bodenspekulation abkassiert werden.

Nach dem Beschluß des Stadtrates waren die Aufträge hier nicht mehr nach Gutdünken einer kleinen Gruppe von lokalen DC-Größen überlassen. Das Tauziehen um diesen Versuch, die Mafia mit politischen, gesetzgeberischen Mitteln zu bekämpfen, ließ Orlando aber auch erkennen, daß er allein mit den Mitteln des Bürgermeisters wirkungslos bleiben mußte. „Palermo schafft es nicht allein", notierte er. Der Gesetzgeber in Rom mußte den Rahmen schaffen. Anders ließe sich der lokale Sumpf nicht austrocknen.

Die Perspektive war für Palermo neu. Selbst für die Oberschicht begann das Ausland, wie Orlando selbst spöttisch schrieb, hinter Ficarazzi, einem Vorort. Italien hat Sizilien als Überbleibsel aus irgendeiner weit zurückliegenden Vergangenheit mit abstrusen Riten und Gesellschaften bis hin zur „Ehrenwerten" lange sich selbst überlassen. Nur die Wählerstimmen waren von Zeit zu Zeit gefragt. Ansonsten: Lassen wir sie in Ruhe.

Damit wollte der Palermer Bürgersohn, der Interviews in Deutsch, Englisch und Französisch geben konnte, Schluß machen. Für die einen eine bedrohliche wie für die jüngere Generation eine hoffnungsvolle Aussicht.

Im Mai 1988 bereitet Orlando mit seiner Stadtspitze den ersten Jahrestag der linken Stadtregierung vor. Da schlug eine Meldung des Mailänder „Il Giornale" wie eine Bombe ein. Das Blatt des Altstars der italienischen Journalisten, Indro Montanelli, damals schon fast achtzig Jahre alt, war hinlänglich bekannt als rechtsliberal bis reaktionär, wenn auch geistreich geschrieben. Es berichtete von einer „Blitzaktion der Finanzpolizei in städtischen Büros von Palermo". Doch im Rathaus der sizilianischen Metropole wußte niemand etwas davon. Orlando: „Eine Meldung über ein Ereignis, das nie stattgefunden hatte."

Tatsächlich hatte es nie eine Überraschungsdurchsuchung gegeben. Wahr war jedoch, daß die Polizei gegen frühere Stadtverwaltungen ermittelte wegen illegaler Vergabe von Aufträgen zum Bau und Unterhalt von städtischen Straßen. Die Meldung wurde vor allem von Blättern aufgegriffen, die Orlandos Linkskabinett ablehnten.

Woher „Il Giornale" die Informationen bekommen hatte, wurde nie bekannt. Die Nachricht hielt auch nur wenige Stunden. Doch die Verdächtigung gegen die neue Stadtregierung blieb hängen. Ein schwieriger Sommer kündigte sich an. Orlando vermutete, daß die Mafia gezielt eine Kampagne führte, um die Justiz zu verleumden.

Nach Hetzkampagne sieht tatsächlich aus, was ganz harmlos mit der Vorstellung eines Buches über die Mafia im Juni in Agrigent beginnt. Orlando reist zusammen mit Paolo Borsellino, Palermer und einer der entschlossensten Anti-Mafia-Staatsanwälte, zu der Präsentation, greift aber kaum in die Diskussion ein.

Borsellino nützt dagegen die Gelegenheit, um auf die Gefahren im Justizapparat hinzuweisen. Dort bestimmten Nachlässigkeit und Schlendrian immer mehr die Arbeit, seitdem einige exponierte Mitarbeiter ermordet wurden. So habe die mobile Einsatzgruppe seit dem Mord an Ninni Cassarà keinen Rapport mehr abgeliefert, „der diese Bezeichnung rechtfertigt". Die Angst der kleinen Polizeibeamten war verständlich. Doch auch die Prozesse würden unnötig in die Länge gezogen und hintertrieben.

Der andere berühmte Staatsanwalt dieser Jahre, Giovanni Falcone, greift Borsellinos Klage auf und polemisiert öffentlich gegen den neuen Leiter der Palermer Ermittlungsbehörde. Dieser heißt Antonino Meli und ist ein in Mafia-Fragen völlig unerfahrener Mann kurz vor der Pensionierung.

Meli wurde offensichtlich durch Intrigen auf den Posten gehoben, um den weitaus qualifizierteren Giovanni Falcone zu verhindern. In Rom dirigierte der Sozialist Giuliano Vassali das Justizministerium, der alles daransetzte, dem bei den Sozialisten verhaßten Orlando so viele Steine in den Weg zu legen wie nur möglich. Er wußte, Orlando brauchte eine saubere und einwandfrei arbeitende Justiz, um in seinem Amt als Bürgermeister überleben zu können und um seine Anti-Mafia-Politik gerichtlich zu flankieren.

Ein italienischer Bürgermeister, so stellte eine Tagung im November 1996 in Terrasini bei Palermo fest, „steht mit einem Bein immer im Gefängnis". Er muß Tausende von Bestimmungen beachten, die selbst Juristen nicht mehr übersehen. Wer Fallstricke sucht, um einem Bürgermeister Amtsmißbrauch nachweisen zu können, „findet garantiert einen". Diesen Tatbestand einer absolut sinnlosen Gesetzgebung stellte in der Tagung ein Staatsanwalt fest.

Orlando hatte die Vorwürfe der beiden Staatsanwälte in den Ohren, als er am 30. Juli in einem Interview der Hauptnachrichtensendung des Staatsfernsehens RAI, des Telegiornale (TG1), um 20.00 Uhr die Binsenweisheit verkündete, die Mafia nehme mehr und mehr das Gesicht der Institutionen an. Mit anderen Worten: Die Mafia sitzt in den Institutionen, nicht nur in der Politik, sondern auch in der Polizei und in der Justiz. Das war keine neue Behauptung, sondern war nachzulesen im offiziellen Untersuchungsbericht der Anti-Mafia-Kommission des Parlamentes.

Aber aus dem Mund des linkslastigen Anti-Mafia-Politikers löste sie einen nationalen Skandal aus. Das weitgehend politisch bestimmte, angeblich unabhängige oberste Selbstverwaltungsorgan der italienischen Justiz, der Oberste Magistratur-Rat, befaßte sich in einer zwanzigstündigen Sitzung mit dem Streit zwischen Meli und Falcone. Mit Mehrheit deckte er Melis Verteidigung von offensichtlichen Mißständen. Er verurteilte Falcone und erwog gar, gegen Borsellino als Urheber des Streites ein Disziplinarverfahren zu eröffnen. Borsellino hatte zu deutlich die Wahrheit gesagt.

Eine Stunde nach dem Beschluß rief Falcone bei Orlando an: „Ich bin beunruhigt, ich habe Angst." Orlando versuchte ihn zu trösten und riet, er solle doch den Präsidenten des Obersten Rates, also den Staatspräsidenten selbst, der von Amts wegen dem Richtergremium vorsitzt, damals Francesco Cossiga, anrufen. „Du hast soviel Ansehen, du kannst das doch."

Orlando dagegen berief eine Pressekonferenz ein, in der er erneut seine Aussagen in der Tagesschau bekräftigte. Er war überzeugt, auf diese Weise „vielleicht in diesem Sommer ein weiteres Verbrechen verhindert zu haben". Der Satz machte am nächsten Tag in ganz Italien Schlagzeilen.

Die Sozialisten witterten eine willkommene Gelegenheit, um in den Medien gegen Orlando zu schüren. Sie hatten nicht vergessen, daß er sie bereits ein Jahr zuvor bei den Parlamentswahlen kaum versteckt als Partei der Mafia denunziert hatte.

Der sizilianische Abgeordnete und mafios schillernde sozialistische Justizminister Claudio Martelli ließ keine Gelegenheit aus, Orlando anzugreifen. Im politischen Intrigenspiel kannte er sich aus. Er hatte es schon gegen Andreotti betrieben und die Urheberschaft von Anti-Mafia-Gesetzen für sich reklamiert, die der Christdemokrat durchgesetzt hatte. Auf keinen Fall wollte der Sozialist selbst in den Verdacht geraten, mit der Mafia auf irgendeine Weise liiert zu sein. Der Verdacht wurde bisher nicht entkräftet.

Orlando entzog sich im August für zwei Wochen der heimischen Polemik. Er reiste nach Georgien, um sich im Kreis von Freunden aus der Sowjetunion einige Tage auszuruhen. Nach der Rückkehr lud ihn die Staatsanwaltschaft vor, damit er Roß und Reiter nenne. Er möge die Namen in Palermos Polizeiapparat und Justiz enthüllen, die mit der Mafia in Verbindung stünden. Orlando übergab dem Ermittler einen dicken Packen von Akten der Anti-Mafia-Kommission des Parlamentes, in denen die enge Vernetzung der Mafia mit den Institutionen belegt wurde. Nur dies habe er schließlich auch in seinem Fernsehinterview gesagt. „Das ist bereits öffentliches Allgemeingut gewesen, bevor ich es gesagt habe."

Die Intrigenspieler sahen darin eine willkommene Gelegenheit, Orlando vorzuwerfen: „Wie immer klagt der Bürgermeister nur an, ohne Namen zu nennen." Wortführer der Kritik stammten aus Martellis sozialistischer Partei.

Am Ende stellte Orlando fest, daß wenigstens einmal in einer Justizakte in Palermo das Zusammenspiel von Institutionen und Mafia aktenkundig festgehalten wurde. „Das wird bleiben, selbst wenn ich nicht mehr Bürgermeister bin", bilanzierte er in seinem Buch „Leoluca Orlando – Palermo".

1988 endete, wie es begonnen hatte – mit einem weiteren Sarg, kokettierte Orlando im selben Buch. Diesmal wurden er und sein Vizebürgermeister Aldo Rizzo von einer demonstrierenden Masse symbolisch zu Grabe getragen. Die städtischen Angestellten hatten dazu aufgerufen. Tagelang blockierten sie das ganze öffentliche Leben Palermos. Zum ersten Mal sah Orlando, wie eine trennende Mauer zwischen ihm und jenen Menschen aufgebaut wurde, mit denen er Tag für Tag zusammenarbeitete.

Welche neuen Probleme hatten diesen Protest ausgelöst? Anfangs ging es um ausstehende Lohnzahlungen. Doch, so Orlando, der berechtigte Protest wurde mißbraucht. Als der Demozug am Rathaus vorbeimarschierte, ergriff ein Funktionär der CISL das Wort, jener Gewerkschaft, die den Christdemokraten am nächsten stand. Er schloß seine Rede mit dem Ruf: „Es lebe die Mafia!" Sie habe wenigstens Arbeit gegeben und die Löhne bezahlt.

Überrascht hätte Orlando nicht sein müssen. Nach seinen Erfahrungen machten die Gewerkschaften keine Ausnahmen von den sizilianischen Institutionen, die in Teilen von der Mafia beherrscht werden. Vor allem die drei Bünde der kommunistischen, sozialistischen und christdemokratischen CGIL, CISL und UIL, die als eine Art italienischer DGB auftreten, ließen sich offen einspannen, wenn die Mafia Stimmung machen wollte.

Orlando durchschaute dieses Spiel und sagte beispielsweise die Teilnahme an einem Anti-Mafia-Konvent ab.

In einem Pressegespräch begründete er den Verzicht des Anti-Mafia-Bürgermeisters auf eine Anti-Mafia-Kundgebung der Gewerkschaften: „Wenn ich zwischen einem Kongreß mit lediglich verbal zur Schau gestellter Verurteilung der Mafia und einer Sitzung des Anti-Mafia-Koordinierungskomitees wählen kann, dann gehe ich zum Komitee." Das sind Bürger, die aktiv gegen die Mafia kämpfen. Sie wurden nicht zu dem Kongreß eingeladen.

Am nächsten Morgen erschienen Gewerkschaftsvertreter in seinem Büro und eröffneten dem Bürgermeister, daß er sein eigenes Grab geschaufelt habe. „Jetzt ist es vorbei." Er habe sich mit seiner Absage gegen einige Millionen von Gewerkschaftsmitgliedern gestellt. Ein Argument, das der italienischen Linken mit ihrem Alleinvertretungsanspruch der Massen stets leicht über die Lippen kam. Mit der dummen Anmaßung drohten sie seit Jahrzehnten mit Generalstreiks und verhinderten jegliche sinnvollen Reformen. Warum sollte es nun nicht auch auf Orlando und seine Maßnahmen gegen die Mafia angewandt werden?

Vielleicht war Orlando aber auch zu naiv. Obwohl er wußte, daß die Mafia nichts und niemand ausließ, hätte er die Gelegenheit nutzen sollen, vor dem Konvent das zu sagen, was er der Abordnung empfahl: „Die Gewerkschaften haben noch viel zu tun, um sich der Erneuerung der Stadt anzupassen." Eine Woche später schrie ihm der CISL-Führer sein „Es lebe die Mafia" entgegen.

Leoluca Orlando konnte dennoch zufrieden sein. Der Gewerkschafter hatte sich von einer Stimmung davontragen lassen, die nun die ganze Gewerkschaftsbewegung als mafios erscheinen ließ. Die drei Gewerkschaften schickten umgehend ihre Vorsitzenden nach Palermo, um den verheerenden Eindruck zu korrigieren, den die Demonstration in der gesamten italienischen Öffentlichkeit hervorgerufen hat.

Der mafiose Filz von Palermo schloß niemanden aus, schon gar nicht eine andere Traditionsmacht im katholischen Sizilien: die Kirche. So konnte es nicht ausbleiben, daß Orlando über kurz oder lang mit einem der Prälaten der Palermer Diözesankurie zusammenstoßen würde. Keiner von ihnen hatte bisher den Mut aufgebracht, mehr als nur rührselige Worte über die menschliche Sündhaftigkeit an den offenen Gräbern von Mafia-Opfern zu verlieren. Lange Zeit nicht einmal der ansonsten innerhalb der katholischen Kirche zum aufgeschlossenen Flügel gezählte Erzbischof von Palermo, Kardinal Salvatore Pappalardo.

Einer der Höhepunkte des kirchlichen Lebens in Palermo ist das Fest der Stadtheiligen, Santa Rosalia. Am Hochamt zu ihren Ehren nimmt selbstverständlich auch der Bürgermeister der Stadt teil. An diesem 4. September 1988 wich Pappalardo von der frommen Tradition eines kirchlich-folkloristischen Gottesdienstes ab. Zum Abschluß richtete er sich in seiner Predigt an die Gläubigen und verwies auf einige Mißstände in seiner Stadt, die jedermann als Kritik an Bürgermeister Orlando interpretierte.

Irritiert und erstaunt meldete sich Orlando zu einem Gespräch mit dem Erzbischof an. Einige Tage später trafen sich die beiden Oberhäupter der weltlichen und der geistlichen Macht in Palermo im erzbischöflichen Palais. Orlando bekannte: „Sicherlich machen wir, verehrte Eminenz, Fehler. Ich gebrauche durchaus gelegentlich die falschen Wörter, über manches Adjektiv stolpert der eine oder andere Jesuitenpater außerhalb von Palermo. Bitte bedenken Sie aber, daß gerade die provozierenden Aussagen ihre Wirkung nicht verfehlen. Vielleicht liegt es gerade daran, daß Sie in diesem Sommer Ihre Ferien nicht unterbrechen mußten, um ein prominentes Mafiaopfer zu Grabe tragen zu müssen."

Orlando versuchte, wie er berichtete, den Kardinal davon zu überzeugen, daß zu oft auch von der Kirche die Gefahr der Mafia verharmlost werde. Vermutlich auch, um die Interessen des einen oder anderen Prälaten nicht zu stören.

Der Bürgermeister erinnerte daran, daß er gerade ein Jahr zuvor einen heftigen Streit mit dem Generalvikar der palermischen Kurie, Giuseppe Pecoraro, ausgetragen hatte. Während eines Abendessens der Vereinigung der katholischen Unternehmer, deren geistlicher Beirat Pecoraro war, griff der Würdenträger den Bürgermeister frontal an: „Ihre Stadtregierung betreibt alles andere als die Erneuerung. Die Krankenversorgung funktioniert nicht. Die öffentlichen Schulen brechen auseinander, und in den ärmsten Vierteln der Stadt gibt es gar keine." Der Bürgermeister selbst klage zwar die Kirche an, er sage jedoch vor Gericht nie gegen sie aus, wenn es denn mal zum Prozeß komme.

Die Stimmung im Saal wurde eisig. Der anwesende Kardinal schwieg betreten. Orlando antwortet umgehend: „Lieber Monsignore. Wir beide haben zwei verschiedene Vorstellungen vom Leben. Ich weiß nicht, ob meine die richtige ist. Jedoch bin ich mir gewiß, daß sie nicht zu Ihrer paßt. Letzten Endes lassen Sie sich von jenen Unternehmern zum Essen einladen, die in Palermo Geschäfte machen und die die Schulen so miserabel gebaut haben, daß das Mauerwerk nicht hält. Schließlich sind Sie es, der Privatschulen der Kurie in jenen Vierteln errichtet hat, in denen die vorhergehenden Stadtregierungen, die nicht mehr getan haben als meine, keine Schulen haben bauen wollen."

Der Streit spielte auf mehrere Prozesse an, die die Stadtverwaltung gegen die Kirche angestrengt hatte, weil die Kurie ohne Genehmigungen mehrere Gebäude hatte errichten lassen. Orlando versicherte, es sei zwar normal, daß in solchen Fällen die beiden Parteien sich durch die Rechtsanwälte vertreten ließen. Dennoch habe er sich zunächst selbst vor Gericht präsentieren wollen, dann aber darauf verzichtet, als er den Umfang der Dossiers gesehen habe. „Ich hätte viel zuviel Zeit verloren. Ich wäre zum Gerichtsdiener geworden, statt Bürgermeister zu sein."

Beim nächsten Neujahrsempfang der Kurie giftete Pecoraro den Bürgermeister böse an: „Was suchst du denn hier?" Von da an ging Orlando nicht mehr zu kirchlichen Empfängen. Auch die katholische Kirche hatte sich als Minenfeld im Kampf gegen die Mafia entpuppt.

Nicht einmal der Jesuitenorden machte davon eine Ausnahme, obwohl Orlando wegen seiner Nähe zu Bartolomeo Sorge und Ennio Pintacuda und aufgrund seiner jesuitischen Schulerziehung von seinen Kritikern gerne als „Ehrenjesuit" und Produkt aus den Werkstätten der Gesellschaft Jesu verspottet wurde.

Mit Kritik an Orlando sollte aber nicht er, sondern vor allem das Wirken der beiden Jesuiten getroffen werden. Pintacuda hatte lange vor der politischen Karriere des Leoluca Orlando mit der Mafia gebrochen, zu deren Einflußgebiet auch die Gesellschaft Jesu der früheren Jahre gehörte. Zugleich wollten die beiden die Konsequenzen aus dem 1965 beendeten Zweiten Vatikanischen Konzil ziehen, das die Kirche zur Welt öffnete. Die katholische Soziallehre sollte nicht nur gepredigt werden.

Pintacuda gründete die überparteiliche Bewegung „Stadt für den Menschen", eine katholische Basisgemeinde, die sich eine menschenwürdige Stadt zum Ziel gesetzt hatte. Sie kümmerte sich besonders um die Jugendlichen, um zu verhindern, daß sie in die Mafia verstrickt wurden, ohne sich dessen richtig bewußt zu werden.

Das konnte ganz schnell geschehen. Welcher 15- oder

16jährige möchte nicht gerne sein Taschengeld aufbessern oder überhaupt welches verdienen?

Da gab es und gibt es in Palermo ebenso wie in Neapel immer freundliche Helfer. Sie stecken ihm einige Stangen Zigaretten zu. Schmuggelware, die er verkaufen könne.

Da verbockt einer etwas, baut einen kleinen Verkehrsunfall mit dem Auto des Vaters. Mach dir keine Sorgen. Wir kümmern uns darum.

Das kann jahrelang gutgehen, bis eines Tages die freundlichen Helfer Gegenleistungen erwarten. Wer dann nicht pariert, wird bedroht, erpreßt und muß um sein Leben fürchten. Der Teufelskreis von Abhängigkeiten schließt sich.

Orlando fühlte sich von allen Seiten angegriffen, eine Situation, in der er sich gewöhnlich nicht unwohl fühlt. Sie stärkt sein Selbstbewußtsein und bestätigt ihm, was selbst seine Freunde abschreckt, seinen missionarischen Eifer und sein distanzierendes Sendungsbewußtsein. Es scheint, daß er die Richtigkeit seines Weges gerade dann bestätigt sieht, wenn ihm keiner mehr folgen will.

Wie wenig er für die übrige DC sprach, wird ihm von derselben Partei im Frühjahr 1989 vorgeführt. Parteifreunde, die nach alter Politikerfahrung schlimmer als Feinde sein können, bereiten ihm eine politische Beerdigung dritter Klasse.

12. Abschied von der Christdemokratie

Parteitag in Rom 1989, Heerschau der Christdemokraten: Die Regie des Parteispitzenduos Arnaldo Forlani und Giulio Andreotti hat schon mit der Tagesordnung inszeniert, wie sie den 41jährigen störrischen Aufsteiger aus Sizilien in die Schranken weisen will. Der Anlaß lag nur wenige Wochen zurück. Orlando hatte in Palermo eine Wende vollzogen, die als offene Kampfansage gegen den Rechtskurs der Andreotti-Forlani-DC verstanden werden mußte. Die Kommunisten unterstützten ihn bisher nur von außen, ohne formell seiner Stadt-Regierungskoalition beizutreten. Jetzt schienen sie bereit, offiziell eine Koalition aus DC und KPI einzugehen. In Palermo könnte damit jener „Historische Kompromiß" jederzeit geschlossen werden, der zehn Jahre zuvor in Rom nach Moros Ermordung nicht mehr vollzogen wurde. Seither galt er als überholtes historisches Modell.

Orlando durfte vor dem Parteitags-Plenum zwar noch reden, aber erst um 14.45 Uhr, als der Saal nahezu verlassen war. Die Parteitagsdelegierten saßen längst hinter ihren Spaghetti. Am Vorstandstisch harrten einige wenige Gesinnungsfreunde Orlandos aus, die ehemaligen Größen des linken Flügels wie Guido Bodrato, Leopoldo Elia, Biagio Agnes und natürlich Sergio Mattarella.

Im Saal entdeckte Orlando kaum einen Delegierten, der seinetwegen dageblieben wäre. Die wenigen Nachzügler, die es hier noch aushielten, waren Provinzler, die nicht gewußt hatten, wo sie die Mittagspause verbringen sollten.

Orlando hatte den Eindruck, daß alle anderen nur noch bei ihm ausharrten, um sich mit ihm zu trösten. Sein Flügel war demonstrativ desavouiert worden. Hinter den Reihen der Delegierten grüßte ihn höhnisch ein Plakat: „Die jungen sizilianischen Christdemokraten grüßen Andreotti." Orlando las es und spürte einen tiefen Schlag in die Magengrube.

Er hatte verdrängt, daß er kein Exklusivrecht auf den jugendlichen Anhang seiner Heimatstadt hatte. Auch der Andreotti-Lima-Flügel, seine schärfsten Gegner, bestand nicht nur aus korrupten Honoratioren über 60 Jahren.

Der stellvertretende Chefredakteur der linksgerichteten römischen Tageszeitung „La Repubblica", Giampaolo Pansa, war auf den Presseplätzen geblieben, um mit stummer Präsenz auf seine Art Orlando zuzustimmen. „War auch er davon überzeugt, daß er damit die letzte Ehre einem Gefallenen erwies?" fragte sich Orlando. Wurde hier die Beerdigung eines „der wenigen Hunde, die in unserem Italien noch ohne Halsband herumlaufen", zelebriert, wie Pansa in einem Kommentar zuvor geschrieben hatte?

„Selbst wenn ich zehn Minuten lang nur still am Rednerpult stehengeblieben wäre, hätte die wortlose Botschaft nicht anders ausfallen können als die Feststellung, daß es zwei christdemokratische Parteien gab, die so unterschiedliche Politik machen wollten, daß sie nicht miteinander versöhnt werden konnten."

Orlando sprach über den christlichen Glauben und über die Forderungen, die sich aus dem christlichen Weltbild für die Demokratie ableiteten. Er erinnerte an das verhängnisvolle Junktim, das die DC in Italien fälschlicherweise aller Welt glauben gemacht hatte:

„Christsein heißt katholisch sein, heißt Christdemokrat sein", so als ob die Parteizugehörigkeit auch noch die Beziehungen zu Gott regelte. „Außerhalb der DC also kein politisches Heil für Katholiken." Zugespitzter konnte nicht formuliert werden, was sich die Democrazia Cristiana inzwischen schon als Identifikation von Partei und Staat angemaßt hatte.

Orlandos Rede wurde von einem Freund mit einem verständnisvollen Händedruck quittiert. Und einem aufmunternden Satz: „Aber wir bleiben doch Christdemokraten, nicht wahr, Luca?"

Er hatte sich geirrt. Leoluca Orlando konnte nicht mehr Christdemokrat bleiben. Sein Versuch, diese Partei von innen her zu erneuern, war gescheitert. Er nahm innerlich schon vorweg, was nur drei Jahre später von der ganzen Partei vollzogen werden mußte. Er wurde sich bewußt, daß er aus dieser DC austreten müsse. Die DC selbst löste sich in den 90er Jahren dann auch selbst auf.

Ihre ganze Existenzberechtigung hatte sich verbraucht. Nur der Mangel an einer demokratischen Alternative in den Zeiten des Ost-West-Konflikts hatte sie stabilisiert, hatte sie 50 Jahre lang nahezu unumstritten und unkontrolliert an der Macht gehalten. Sie hatte sie ebenso wie ihr wichtigster Partner, die Sozialistische Partei, mißbraucht. Ihre führenden Mitglieder wurden wegen Korruption angeklagt. Die Partei löste sich in Splittergruppen auf, das Erbe wurde von der extremen Rechten und von der Geschäftemacherpartei Forza Italia des Mailänder Bau- und Medienzaren Silvio Berlusconi übernommen.

1989 aber glaubte die Parteiführung noch, den Untergang mit Wortgeschwall nichtssagender Parteitagsadressen übertönen zu können. Die christdemokratische Linke unter dem ausscheidenden Parteichef

Ciriaco De Mita zahlte diesmal die Zeche. Arnaldo Forlani wurde Parteichef. Ministerpräsident wurde Giulio Andreotti, ein Mann, den Orlando nicht nur wegen seiner Beziehungen zu mafiosen Politikern wie Salvo Lima haßte. Er lehnte Andreotti auch aus rein politischen Gründen ab. Für ihn war der vatikantreue, erzkatholische Andreotti „ein Pfropfen, der jede Erneuerung der Christdemokratischen Partei blockiert". „Er ist das Gegenteil von einer modernen Vorstellung von Politik."

13. Der Frühling von Palermo

Nach der Rückkehr vom Parteitag in Rom berief Orlando am 24. Februar 1989 seine Koalition zusammen, um über die Erweiterung ihrer parlamentarischen Basis zu diskutieren. Das hieß nichts anderes, als offiziell die Kommunisten als Koalitionspartner aufzunehmen. Nichts konnte nach den Erfahrungen während der römischen Tage Orlando noch daran hindern, diese letzte Provokation der DC zu vollziehen. Eine neue Phase der Politik habe sich aufgetan. Orlando war bereit, sie mit seinem Rücktritt als Bürgermeister zu eröffnen, um dann mit einer völlig neuen Mehrheit wiedergewählt zu werden.

Die Runde stimmte ihm zu. Am nächsten Tag informierte Orlando den Provinz-Parteichef der DC, Rino La Placa, daß „eine Erfahrung beendet ist". Noch am selben Tag, dem 1. März, flog La Placa nach Rom, um sich Instruktionen am Jesus-Platz abzuholen. Dort steht das Hauptquartier der Christdemokratischen Partei. Der Name des Platzes war zum Synonym für die DC-Macht geworden.

Achselzuckend empfahl Parteichef Forlani seinem Platzhalter in Palermo und dem für die lokalen Parteigliederungen im Vorstand zuständigen Giuseppe Guzzetti: Macht, was ihr wollt, aber nehmt Rücksicht auf die Regierung in Rom, eine Mitte-Links-Koalition unter Giulio Andreotti. Danach empfahl sich der an einer Erkältung leidende Parteichef.

Orlando setzte aufs Ganze. Die DC in Palermo mußte sich nun entscheiden: Wollte sie eine Regierungskrise in Palermo, oder stimmte sie letztendlich der Erweiterung der Koalition um die Kommunisten zu? Orlando rechnete damit, daß die Linke seiner Partei zwar beim römischen Parteitag verloren hatte, aber Palermo als die letzte Festung des De-Mita-Flügels nicht ohne Not aufgegeben werden konnte.

Am 7. März versammelten sich die Parteigremien, um einen ganzen Tag lang in Palermo nichts anderes zu tun, als gegen die Zusammenarbeit mit den Kommunisten zu wettern. Die internen Gegner Orlandos vom Lima-Flügel versuchten erneut, dem Bürgermeister eine Koalition mit den Sozialisten und gegen die Kommunisten aufzuzwingen. Am Ende schreckte jedoch die Mehrheit davor zurück, die Politik der vergangenen vier Jahre durch einen solchen Bruch zu diskreditieren. Nur die „mafiosen" Teile der DC stimmten schließlich gegen die Koalition mit den Kommunisten.

Dennoch wurde die lokale und die nationale Parteiführung beauftragt, mit den Sozialisten weiter zu verhandeln, ein Krompromiß auf Art der Democristiana: alles verzögern. Einen Monat lang dauerten die Verhandlungen in Palermo und mit den Parteizentralen in der Hauptstadt. Die Sozialisten zierten sich, weil sie wußten, daß die Christdemokraten die nationale Regierung nicht durch einen Streit um Palermo zusätzlich belasten wollten. Als Mehrheitsbringer sicherte sich die Zehn-Prozent-Partei auf diese Weise jahrzehntelang einen Einfluß, der weit über ihr Gewicht hinausging. Ihre Rechnung ging zum ersten Mal in Palermo nicht auf.

Am 5. April um 11.00 Uhr traten die beiden Delegationen von DC und PSI in einem Parteibüro in Rom zusammen, das zufälligerweise direkt gegenüber der Parteizentrale der Kommunistischen Partei in der Straße der Botteghe Oscure, der Straße der Dunkeln Läden, lag.

Die Verhandlungen wurden mehrfach unterbrochen. Orlando verglich sie mit einem Treffen von zwei tauben Familien, die eine Hochzeit ihrer Kinder organisieren sollten, die niemand wollte und die auch niemals stattfinden sollte.

Orlando hatte das Tauziehen schließlich satt. Am Donnerstag, 6. April, war er Gast der Fernsehmagazinsendung „Samarcanda" auf dem Dritten RAI-Kanal, dem von den Kommunisten beherrschten. Er ließ sich zu den Aussichten der Stadtregierung von Palermo befragen und setzte eine letzte Frist: „Die Zeitungsleser werden am kommenden Sonntag aus ihren Blättern entnehmen können, wie die Verhandlungen ausgegangen sind."

Am Samstag liefen die Telefone heiß. Orlando wartete in seinem Amtszimmer im Rathaus von Palermo und bereitete sich auf die erste Zusammenkunft der neuen Rathausmehrheit einschließlich der Kommunisten vor. Eine andere Lösung sah er nicht, auch wenn die Parteiführung darauf bestand, doch wenigstens pro forma die Sozialisten aufzunehmen, auch wenn nur ein Bote am Verhandlungstisch Platz nehmen würde. So sollte wenigstens das Ultimatum erfüllt werden. Den wartenden Journalisten sagte Orlando, er sei bereit, die Sozialisten einzubeziehen. „Wenn sie jedoch nicht zu den Verhandlungen erscheinen, dann gehen wir ohne sie weiter. Dann war ihr Taktieren nur ein Bluff."

Am frühen Abend erschien Provinzparteichef La Placa bei Orlando. „Na, ist es endlich soweit. Hast du einen Anruf aus Rom erhalten?" La Placa antwortete mit zitternder Stimme: „Nein, einen anderen, ich wurde mit dem Tod bedroht", was in Palermo nicht auf die leichte Schulter genommen werden durfte. Hier drohte kein harmloser Wichtigtuer anonym am Telefon.

Die beiden Christdemokraten sahen nur noch einen Ausweg: die Flucht nach vorne. Sie warteten nicht mehr auf die Sozialisten und beriefen die Sitzung zur Bildung einer neuen Koalition ein. Die Kommunisten saßen bereits auf den Stühlen. Von den Sozialisten war keine Spur zu sehen. Orlando und seine Parteifreunde fühlten sich „wie bereits außerhalb der eigenen Partei".

Die Sitzung dauerte nur wenige Minuten. Orlando meldete Vollzug. Er kündigte den Journalisten an, daß die neue Koalition formiert und sich am folgenden Freitag, 14. Februar, der Vertrauensabstimmung stellen werde.

Die vollendeten Tatsachen wurden von der Parteispitze in Rom geschluckt. Minuten nach dem Handstreich von Palermo meldeten die Nachrichtenagenturen aus Rom: „Nach mehrfachen gescheiterten Versuchen, die Sozialisten in die Regierung von Palermo einzubeziehen, nimmt die DC die Weigerung der PSI zum Dialog zur Kenntnis." Die KPI konnte mitregieren.

Wie die Bevölkerung darauf reagierte, erlebte Orlando am nächsten Tag. Eine ältere Dame, praktizierende Katholikin und antikommunistisch aus Überzeugung und Tradition, bat um ein Gespräch mit Orlando, den sie von klein auf kannte. Der Bürgermeister wollte es ihr nicht abschlagen.

„Luca, was machst du denn? Die Kommunisten in der Stadtregierung von Palermo? Verrückt, Luca, völlig verrückt", legte sie gleich los. Ohne eine Antwort abzuwarten, forderte sie ihn auf: „Erkläre mir bitte: Gehören seit gestern die Christdemokraten von Andreotti und Lima zur Opposition? Gibt es zum ersten Mal in der Geschichte von Palermo keinen Beigeordneten aus der Lima-Sippe? Auch kein Republikaner aus dem Gunella-Clan? Auch keiner von den Sozialisten, die bei den letzten Wahlen schmutzige Stimmen erhalten haben?"

Auch darauf erwartete sie offenbar keine Antwort des Bürgermeisters. Sie gab sie sich selbst. „Was soll also an dieser neuen Regierung so schlecht sein? Letzten Endes haben wir alle es so gewollt." Sie verabschiedete sich mit einem Glückwunsch. So jedenfalls schilderte Orlando den Besuch der alten Dame.

Möglicherweise aber war der Glückwunsch etwas verfrüht. Am Mittwoch vor der definitiven Stadtratssitzung rief Sergio Mattarella seinen Freund Leoluca an und bat um einen letzten Versuch, die Sozialisten doch noch in die Koalition zu drängen: „Auf Wunsch von De Mita". Sozialistenchef Bettino Craxi hatte den noch amtierenden Ministerpräsidenten De Mita mit einer Regierungskrise bedroht. Falls Orlandos Zusammengehen mit den Kommunisten von der Partei abgesegnet werde, „stürzt deine Regierung in dreißig Sekunden". Parteichef Forlani bat erneut um Verschiebung. Und der Reformer De Mita hatte nicht die Kraft, nein zu sagen, da ihm sein um einige Wochen verlängerter Machterhalt wichtiger war als Orlandos Experiment, die Partei in Palermo zu moralisieren.

Es kam dann doch nicht soweit, weil Claudio Martelli, der Stellvertreter von Craxi und Orlandos heimatlicher Erzfeind, einen entscheidenden Fehler beging. Am selben Vormittag wollte er mit einer öffentlichen Erklärung Orlandos Saubermann-Image ein für allemal ruinieren: „Er und Mattarella sind die Erben von Stadträten der Mafia."

Der Bezug war eindeutig. Orlandos und Mattarellas Väter waren gemeint, eine von Gehässigkeit triefende Kritik, ein Schlag klar unter die Gürtellinie. Im schlimmsten Fall hätte der Vorwurf darin bestehen können, daß Rechtsanwälte von Amts wegen Berater sind, auch eines mafiosen Klienten. Diese Binsenweisheit war so einleuchtend, daß sich mit ihr Martelli selbst abschoß.

Die letzten Brücken zwischen Christdemokraten und Sozialisten waren damit in Palermo abgebrochen. Die Parteiführung in Rom konnte jetzt keine Zusammenarbeit mehr reklamieren. Forlani rief Mattarella an und bat um Entschuldigung dafür, daß die Partei noch weiter auf einer Koalition mit der PSI bestanden hatte. Außerdem war es ihm parteitaktisch nur recht, wenn De Mita aufgeben mußte. Der Weg war für Andreotti frei.

Martelli wollte noch immer nicht einsehen, daß seine Angriffe den Sozialisten mehr schadeten als nützten. Er flog nach Palermo und berief eine Pressekonferenz genau zu dem Zeitpunkt ein, in dem der Stadtrat über das Vertrauen für Orlandos neue Koalition debattierte. Keiner der sozialistischen Stadträte durfte den Vizechef der PSI begleiten. Alle wurden im Stadtrat gebraucht.

Die Intrigen wirkten. Orlandos Stadtregierung kam nur auf 41 Stimmen, zwar eine mehr als nötig gewesen wäre, aber weit entfernt von den 52 Sitzen, die rechnerisch zur neuen Mehrheit gehört hätten. Die Spannung zerrte so sehr an den Nerven, daß Sergio Mattarella es nicht mehr im Saal aushielt. Statt die Auszählung der letzten Abstimmung nach Mitternacht abzuwarten, ging er an die frische Luft. Nach wenigen Minuten umringte ihn eine jubelnde Menge. Die Abstimmung war beendet, die Mehrheit erreicht. Im Rathaus wurde Orlandos Name skandiert. Die kommunistische Stadträtin Simona Mafai gratulierte ihm: „Das alles wurde nur mit großen Opfern erreicht, aber vor allem mit deinem Dickschädel."

Der neuen Stadtregierung gehörte ein ehemaliger Freund Orlandos aus der 68er Zeit an, Emilio Arcuri, ein Idealist, der sich bis dahin von der politischen Macht weit fern gehalten hatte. Er wurde Kulturdezernent. Renato Palazzo gehörte dazu, ein Sozialdemokrat, von dem es hieß, er sei der einzige sozialdemokratische Beigeordnete Italiens, von dem man gut spreche.

Die neue Junta hatte das Vertrauen, der „Frühling von Palermo" stand im Zenit. Primavera, so nannten Orlandos Anhänger diese Bürgermeisterjahre, frühlingshafter Optimismus, den Palermo bisher nicht gekannt hatte. Es war Synonym dafür, daß selbst in Palermo die Mafia nicht unbesiegbar war.

Auf den Punkt brachte es eine Unternehmerin, die Orlando mehr Skepsis als Sympathie entgegenbrachte. In ihren Wirtschaftskreisen „wurde nur schlecht über Sie gesprochen", eröffnete sie dem Bürgermeister. „Mein Bürgermeister sind Sie sicherlich nicht. Dazu bin ich auch schon zu alt. Aber mein Sohn verteidigt Sie immer, wenn Besucher bei uns daheim zu sehr auf seinen Bürgermeister schimpfen." Ihr Sohn war gerade elf Jahre alt.

Eine Gesellschaft, die auf Änderungen hofft und zugleich ängstlich fürchtet, daß sich etwas ändert, war anfällig für jede mögliche Spekulation, für Gerüchte und Intrigen. Der Sommer 1989 war voll von solchen „unterirdischen Strömungen", wie Orlando spürte. Diesmal geriet wieder der Justizapparat ins Visier. Ein anonymer Briefschreiber aus dem Apparat, der sich als Corvo, Rabe, bezeichnete, denunzierte führende Ermittlungsrichter und Staatsanwälte. Dossiers sollten verschleppt und angebliche Anklagen erhoben worden sein, die es nie gab.

Am 21. Juni wurden 58 Dynamitstangen entdeckt, die vor dem Sommerhaus des Staatsanwalts Falcone angebracht worden waren. Sie konnten glücklicherweise entschärft werden. Falcone wurde drei Jahre später bei einem Bombenattentat getötet.

Aus Rom tönte der gerade wieder ins Amt des Ministerpräsidenten zurückgekehrte Giulio Andreotti, Nachfolger des linken De Mita, Mitte Juli: „Die Stadtregierung von Palermo steht im Gegensatz zur DC."

Am 5. August wurden in Palermo ein Polizist und seine Frau ermordet. Wer der Justiz Lahmheit und Verschleppungstaktik vorwarf, wurde bedroht. Wer sich gegen die Mafia engagierte, mußte sich an anonyme Briefe und Telefonanrufe gewöhnen.

Orlando hatte damit zu leben gelernt. Seine Familie hatte an ihm längst nicht mehr einen normalen Familienvater, obwohl Leoluca doch so gerne, wie er immer wieder versicherte, ein ganz gewöhnlicher Mensch sein wollte, der in seiner Heimatstadt ungestört leben und arbeiten wollte, ohne Polizeieskorte, ohne den drei Tonnen schweren gepanzerten Personenwagen.

Wie weit er sich schon von seiner Familie entfernt hatte, wurde Orlando im Dezember 1989 besonders klar. Seine damals 16jährige, ältere Tochter Eleonora rief ihn im Rathaus an, was bis dahin nie geschehen war. Sie wollte von ihm wissen, ob sie einen Auftrag annehmen dürfe. Orlando reagierte zuerst ungehalten. Was soll das? Warum ruft seine Tochter an, um das Belanglose zu fragen, ob sie einen Auftrag für ein Plakat annehmen dürfe. Da wurde ihm überhaupt erst bewußt, daß er gar nicht wußte, daß sie überhaupt gut zeichnen konnte.

Eleonora klärte ihn auf, daß der Auftrag von der republikanischen Jugend stamme: „Ich frage dich, Papa, weil es deine Feinde sind. Darf ich trotzdem annehmen?" Orlando sah kein Hindernis und gab schnell die Erlaubnis.

Die Tochter bedankte sich und legte den Hörer schnell wieder auf. Zusammen mit ihrer Freundin durfte sie 30 000 Lire kassieren, 35 Mark.

Orlando hielt den Hörer noch eine Weile in der Hand, als wollte er seiner Tochter noch länger zuhören. Was hatte seine Familie schon von ihm? Er wußte wirklich wenig von den beiden Töchtern. Nie hatte er Zeit, mit den Teenagern über Privates zu sprechen, geschweige denn, gemeinsam ins Kino zu gehen. Er war immer in Eile, in Streß, und er war immer bedroht.

Orlando beschloß, etwas zu ändern, und zwar zu Weihnachten.

Freunde stellten ihm ein Bauernhaus im Aostatal zur Verfügung. Vom 24. bis 26. Dezember wollte er dort ruhige Tage mit Frau und Töchtern verbringen.

Um Mitternacht zwischen dem ersten und zweiten Weihnachtsfeiertag klingelte es. Die jüngere Tochter, Leila, ging an die Türsprechanlage. „Jemand sucht dich, Papa." Vom Fenster aus sahen sie einen einsamen Mann und nirgends eine Spur der Leibwächter. „Papa, was soll ich sagen?" – „Sag, daß ich nicht da sei." Der Mann ging weg.

Leila und Frau Orlando machten sich auf den Weg, um die Wächter zu suchen. Kurz darauf kehrten sie mit ihnen zurück. Sie hatten keinen Verdacht geschöpft, weil der Mann Orlando nur alles Gute wünschen wollte. Es war ein bekannter Vertreter der Christdemokraten im Dorf und wurde wegen seiner Verehrung des zurückgetretenen Parteichefs und Ministerpräsidenten „De Mita" gerufen.

Für Orlando gab es nicht einmal im Winterurlaub in einem gut bewachten, abgelegenen Bauernhof eine Minute ohne Todesangst.

14. Das Ende einer Amtszeit

Zurück in Palermo. Noch kann sich Orlando in der Überzeugung wiegen, daß ein großer Teil der Stadt hinter ihm stehe. Viele kleine Erlebnisse bestätigen ihn darin, nicht aufzugeben. Er schwärmt von ihnen wie von einem Lebenselixier.

Eine alte Frau hält ihn einmal am Eingang zum Rathaus an und versichert ihm: „Bürgermeister, ich bete seit drei Tagen für Sie. Ich hoffe, daß nichts passiert."

An einem Sonntag erwartet ihn ein vornehm gekleideter Mann, den Orlando als Vorstand eines Fanclubs des Palermer Fußballvereins in Erinnerung hat, nicht unbedingt sein Freund. Er ist gekommen, um ihm zu versichern, seine Frau erwarte eine Tochter, und er werde sie Samarkanda nennen. So heißt die Fernsehsendung, in der Orlando die Verbindungen von Politik und Mafia in Palermo öffentlich angeprangert hat. Der Tifoso wollte auf diese Weise seine Wertschätzung für Orlando ausdrücken. In Sizilien hatte man gelernt, zwischen den Zeilen zu sprechen.

Ein Besuch auf dem Altstadtmarkt. Einen Bancarellaro, ein Standverkäufer, entdeckt Orlando und ruft: „Cuinnutu ccu parra male ddu sinnacu" – Ein Cornuto, der schlecht über den Bürgermeister spricht – Cornuto, Gehörnter, ist eine der schlimmsten Beleidigungen, die ein Italiener einem anderen antun kann. Er setzt seinem Mannesstolz verbal die Hörner auf.

Bei einem Gang durch die Vucciria, den Markt, den

Renato Guttuso gemalt hat: Eine Schar von Schülern stürmt ihm entgegen und reißt ihn fast von den Beinen. Alle wollen ein Autogramm von ihrem Bürgermeister. Eine schwarz gekleidete ältere Frau murmelt: „Noch nie ist ein Bürgermeister hier vorbeigekommen. Dieser Bürgermeister ist ein Mann der kleinen Leute."

Es nützt alles nichts. Am 14. August 1990 tritt Orlando unter dem Druck der Christdemokraten, an der Spitze Giulio Andreotti, zurück, obwohl Studenten massiv für ihn demonstrierten, so eindrucksvoll, daß selbst den Orlando-Gegnern auffällt, wie sehr sich die Jugend mit dem Vater des „Frühlings von Palermo" identifiziert.

Nach dem Rücktritt fliegt Orlando nach Rom. Im selben Flugzeug sitzt die Choreographin Pina Bausch, Leiterin des Wuppertaler Tanztheaters. Sie hat mit ihrer Inszenierung „Palermo, Palermo" einen ganz außerordentlichen Erfolg gefeiert. Für Orlando ein Zeichen, daß Palermo auch in der Kulturszene nicht mehr links liegengelassen wird.

Er besteigt als letzter die Linienmaschine und nimmt in der ersten Reihe Platz, um nach der Landung auch wieder als letzter auszusteigen. Er will alle Passagiere an sich vorbeiziehen lassen, um an ihren Reaktionen ihm gegenüber zu sondieren, wie sein erst wenige Stunden vorher erklärter Rücktritt aufgenommen wird.

Vor ihm verläßt nur noch der Rechtsanwalt Vito Guarrasi das Flugzeug. Er war der Anwalt des Ausschusses für die Vergabe öffentlicher Aufträge. Noch ist Orlando amtierender Bürgermeister, und noch ist nicht sicher, ob er unter anderen Bedingungen zurückkehren werde. Der Anwalt zeigt sich demonstrativ erleichtert, als wäre die Orlando-Zeit in Palermo ganz abgelaufen. Er grüßt den Bürgermeister mit einem „Buona sera, Professore, – Guten Abend, Professor". Orlando ist in den Augen seiner Gegner noch im Amt schon zum ganz gewöhnlichen Professor der Jurisprudenz an der Universität Palermo abgestiegen.

In einem als Buch erschienenen Interview über die Gründe für seinen Rücktritt nennt Orlando an erster Stelle die Perspektive, die er Palermo vermittelt habe. „Der Primavera war ein ganz konkretes Zukunftsprojekt." Er war überzeugt, daß diese Erfahrung auf lange Sicht nicht mehr vergessen, sondern Nachahmer finden werde. Insofern sah er sich wieder als siegreicher Verlierer. Da scheute er auch vor großen Vergleichen nicht zurück, etwa mit dem Wandel, den Michail Gorbatschow just in derselben Zeit in der Sowjetunion eingeleitet hat. Aber ist der Kampf gegen die Mafia wirklich nicht mit dem Kampf gegen den Kommunismus im Ostblock vergleichbar?

Leoluca Orlando scheidet in Palermo als Bürgermeister aus. Doch er kann sich nicht vorstellen, einfach wieder zu seinem alten Lehrstuhl zurückzukehren. Ein Zurück zu seinem Ausgangspunkt schließt er für sein ganzes Leben aus. „Ich kann nicht einmal Erfolge genießen. Bevor es soweit kommt, sind sie für mich schon vorbei, und ich bin in Gedanken schon woanders, wo man mich noch gar nicht vermutet", versichert er.

Diesmal schwebt ihm ein neuer Anlauf mit einer eigenen Partei und weltweitem Aufsehen vor. Der Nährboden für große Zukunftspläne scheint in Italien tatsächlich bereitet zu werden. Die Mailänder Ermittlungsrichter und Staatsanwälte vom Pool „Saubere Hände" sprengen mit ihren Ermittlungen das Machtimperium zuerst der Sozialisten und dann der Christdemokraten. Wie Kartenhäuser stürzen die alten Herrschaftsparteien zusammen. Der sich allmächtig fühlende Ex-Ministerpräsident Bettino Craxi verliert seine Abgeordnetenimmunität und wird wegen Korruption angeklagt. Seine Hochburg Mailand geht in die Zeitgeschichte als die Hauptstadt der Schmiergelder, Tangentopoli, ein. Die bisherigen Regierungsparteien versinken immer tiefer im Sumpf von illegaler Parteienfinanzierung und persönlicher Bereicherung.

Und Leoluca Orlando träumt in einem stillen Restaurant von New York vor sich hin. Was er sich dabei ausmalt, erzählt das Wochenmagazin „Newsweek", dessen Reporter ihm Gesellschaft geleistet hat: Warum sollte er in einem gewandelten Italien nicht Ministerpräsident werden?

Ein rechtsgerichteter Mailänder Journalist und Parlamentskorrespondent in Rom, Gaetano Savatteri, analysiert in seinem Buch „Orlandos Herausforderung", warum der Bürgermeister von Palermo jetzt nach ganz oben zielt. Das Ergebnis: Orlando möchte der Führer der Erneuerung Italiens überhaupt werden.

Orlando notiert nicht unbescheiden: „Es ist der Tag vor der Revolution." Seine Freunde dagegen beobachten mehr, wie der einstige Hoffnungsträger die Bodenhaftung verliert. Doch ihre Stimmen dringen kaum nach außen. Bei der Masse der Wähler ist Orlandos Ruf nicht erschüttert. Im Gegenteil. Bei den Kommunalwahlen im Juni 1990 fährt er einen Wahlsieg für sich und – noch immer – die Christdemokraten ein, als hätte es das zwischenzeitliche Tief nie gegeben. Die DC erhält in Palermo 42 Sitze und damit die absolute Mehrheit.

Orlando wertet dies in erster Linie als einen Vertrauensbeweis in seine Person und weniger in die DC. Mit dieser Ansicht stand er aber in seiner Partei reichlich allein. Mit seiner Person identifizierte er auch seine Regierungskoalition als Bürgermeister. Er will mit seinem eindrucksvoll bestätigten Kurs weitermachen. Die DC ist aber um keinen Preis bereit, erstens den Sieg allein auf Orlandos Konto gutzuschreiben. Zweitens die Möglichkeit einer Alleinregierung aus der Hand zu geben. Eine Koalition käme nur in Frage, wenn es nicht anders ginge. Rechnerisch besteht nach dieser Wahl in Palermo kein Anlaß zu einem Regierungsbündnis. Wer das Ergebnis jedoch politisch interpretiert, sieht darin eine Bestätigung der bisherigen Stadtspitze, also des Linksbündnisses.

Die Christdemokraten machen dem scheidenden Bürgermeister auf besonders subtile Art ihren Machtanspruch deutlich. Am 14. August 1990 erklärt ihm seine Fraktion die neue Wirklichkeit so: „Die Christdemokratische Partei von Palermo drückt Leoluca Orlando ihre Hochachtung aus für seinen Beitrag für die Partei und seine Bereitschaft, erneut als Bürgermeister zu kandidieren. Ebenso dankt sie ihm für seinen Rücktritt, damit geklärt werden kann, in welchem Rahmen eine neue Stadtregierung zu bilden ist." Der demissionierte, aber noch amtierende Orlando könne erneut Bürgermeister werden, aber nur an der Spitze einer reinen DC-Stadtspitze. Die DC weigert sich fatalerweise, die Realität anzuerkennen.

Orlando bleibt bei seinem Rücktritt und erläutert ihn in einer veröffentlichten Erklärung mit den Worten: „Orlando ist nicht mehr Bürgermeister. Er ist auch nicht mehr Christdemokrat. Er hat die Bewegung für die Demokratie ‚Das Netz' gegründet. Sein Traum ist es, als Bürgermeister nach Palermo zurückzukehren."

Bis dahin vergehen zwei Jahre, in denen sich drei Bürgermeister ablösen, zum ersten Mal ein Sozialist, wieder ein Christdemokrat und ein ehemaliger Kommunist. Fortschritte macht die Stadt keine mehr.

15. La Rete und die Erneuerung Italiens

Die Herren gehen scherzend auseinander. „Du wirst Parteichef, und ich werde Präsident." Der Spruch wird berühmt, denn es ist kaum vorstellbar, daß in Italien die Bedingungen in absehbarer Zeit erfüllt wären, daß diese Prophezeiung des damaligen Chefs der Kommunistischen Partei Italiens, KPI, Achille Occhetto, je verwirklicht würde. Leoluca Orlando Erster Sekretär der kommunistischen Partei?

Orlando und Occhetto hatten zusammen mit dem für die Kreisverbände der KPI zuständigen Parteisekretär Figurelli und Occhettos Lebensgefährtin Aureliana im Haus des KPI-Chefs im römischen Ghetto zu Abend gegessen. Es war im Dezember 1989, und Orlando führte noch die linke Regierungskoalition in Palermo.

Einen Monat zuvor hatte die Partei in Bologna auf einem historischen Parteitag beschlossen, ihren alten kommunistischen Namen KPI und das alte Parteisymbol, Hammer und Sichel, aufzugeben. Doch niemand wußte, was jetzt aus der neuen Partei werden sollte. Unter dem Namen „Partei der demokratischen Linken PDS" legte sie sich ein unverfängliches Symbol zu, einen mediterranen Baum: die Steineiche. Demnächst sollte auch ein neuer Politischer Sekretär die Partei in eine demokratischere Zukunft führen.

Tatsächlich hätte Orlando eine wichtigere Rolle in der PDS übernehmen können. Doch bei aller Kritik und allem Streit mit den Christdemokraten, den Bruch mit der Partei, die noch immer seiner Herkunft am besten entsprach, wollte Orlando nicht auf diese Weise vollziehen. Vielleicht spürte er auch, daß ein solcher Wechsel von seinem Anhang, der eben noch nicht an die neuen, demokratischen Kommunisten glauben wollte, nicht nachvollzogen und belohnt worden wäre.

Die Wendekommunisten hielten Orlandos Zögern dagegen für einen strategischen Fehler, der ihn im Jahr darauf den Bürgermeistersessel in Palermo kosten sollte.

Vielleicht spürte Orlando auch eine andere Tiefenströmung, die durch das ganze Land zog. Neue Gesichter kamen zum Vorschein, neue Allianzen zeichneten sich ab. Doch noch war es mindestens ein Jahr zu früh, um die neue Parteienlandschaft zu zeichnen.

Nach dem unrühmlichen Dank der Palermer Christdemokraten vom 14. August 1990 fliegt Orlando zunächst nach Rom und reist anschließend nach Udine in Friaul weiter. Zeit zum Nachdenken findet er in einer Berghütte bei Sauris. In der „Malga Losa" formuliert er in 2000 Meter Höhe an zwei Tagen, dem 25. und 26. August 1990, das Programm für eine neue Bewegung. „La Rete – Das Netz". Angekündigt hatte er die Absicht bereits. Jetzt muß er konkrete Schritte folgen lassen.

Mit dem Entwurf in der Tasche fährt er am nächsten Tag nach Trient. Dort haben sich im Hotel „Trento" junge Katholiken aus ganz Italien versammelt. Sie verstehen sich als DC-kritische Demokraten. Selten haben sich so viele Menschen in dem Haus zusammengefunden. Die Hotelleitung fühlt sich an historische Ereignisse erinnert.

Tatsächlich hatte sich hier der Gründer der DC, Alcide De Gasperi, regelmäßig mit seinen Parteifreunden getroffen. Doch das lag vier Jahrzehnte zurück. Für den geschichtsbewußten Orlando allerdings eine symbolträchtige Erinnerung. De Gasperi verkörperte eine ganz andere Christdemokratie als die heutige Staatspartei, obwohl er der Ziehvater von Giulio Andreotti war.

La Rete brach mit der heutigen DC und mahnte gleichzeitig, an die Quellen der Nachkriegsdemokratie zurückzukehren. Orlando als Enkel De Gasperis. Dasselbe wie in Trient empfand er auch in Caltagirone auf Sizilien. Dort brachte er die größte Kundgebung für seine neue Bewegung zusammen. Caltagirone ist der Heimatort von Don Luigi Sturzo, Vater der italienischen Volkspartei vor dem Krieg und nach dem Krieg der Democrazia Cristiana.

Zum Abschluß des Treffens im „Trento" verliest Orlando am 27. August seine Erklärung, die später als das erste Manifest der neuen Partei gedeutet wird. Das Dokument beginnt mit den Worten: „La Rete wird hier nicht geboren. Es besteht bereits."

Tatsächlich gehen die Ursprünge bereits auf das Jahr 1987 zurück. So jedenfalls referiert es im nachhinein eines der neben Orlando prominentesten Mitglieder der neuen Bewegung, der ehemalige kommunistische Bürgermeister von Turin, Diego Novelli.

Schon 1983 oder 1984, so genau konnte er sich nicht mehr erinnern, traf er Orlando in Palermo. Damals arbeitete Orlando an der „Lex Orlando" über die Dezentralisierung der Kommunalverwaltung, eine Erfahrung, über die der OB von Turin gerne mit ihm diskutieren wollte.

Novelli verlor 1985 sein Bürgermeisteramt durch eine Intrige des Sozialistenchefs Bettino Craxi. Doch auch ohne kommunalpolitische Verantwortung hielt er den Kontakt zu dem gerade in das Amt des Stadtoberhauptes von Palermo berufenen Orlando. Sie tauschten sich über moralische Fragen, Korruption und den Niedergang der Parteien aus. Novelli: „Wir beobachteten schon damals, daß die Lage in Italien immer unhaltbarer wurde. Ich mit einer kritischen Position innerhalb der KPI, Orlando innerhalb der DC."

1987 baten einige Freunde Novelli, sich an einer Initiative für die Pressefreiheit zu beteiligen. Sie gründeten eine Vereinigung mit dem Namen „L'altra Italia", das andere Italien. Die Absicht war, mittelfristig ein Informationsorgan zu gründen, das von den großen Verlagsgruppen unabhängig war und damit aus dem Fahrwasser großer Unternehmer zu befreien, die sich die italienische Tagespresse hielten wie absolutistische Fürsten ihre Hofnarren. Kaum eine der Tageszeitungen war nicht mit einem großen Unternehmer verbunden. Auch wenn von Zensur nie gesprochen wurde, so klagten doch viele Journalisten über die Schere im eigenen Kopf.

Die Wirkung dieser Initiative verpuffte bald. Die italienische Presse geriet durch Anzeigenschwund, Skandale und die Konkurrenz des boomenden Privatfernsehens derart unter Druck, daß an ein unabhängiges Organ nicht mehr zu denken war. Die Mittel waren nicht aufzutreiben. Es blieb der Kreis von Initiatoren. Die 79 Persönlichkeiten aus allen politischen Lagern einte eines: Sie litten unter den politischen Zuständen Italiens und waren bereit, jede Chance für eine Änderung zu nützen. Die bot der Bannerträger der neuen Hoffnung, der in Palermo bereits bewiesen hatte, daß zu Resignation kein Grund bestand. Sie schlossen sich ihm und seinem Antimafia-Netz „La Rete" an.

Nach Orlandos definitivem Rücktritt in Palermo ging alles sehr schnell. Orlando gab seine Erklärung in Trient ab. Novelli schrieb an Gesinnungsfreunde, darunter den Sohn des in Palermo ermordeten Carabinieri-Generals Nando Dalla Chiesa. Für Dezember 1990 beriefen sie die Gründungssitzung nach Rom ein.

In der Redaktion des linken politischen Magazins

„Avvenimenti" (Ereignisse) trafen sich Orlando, Novelli, Dalla Chiesa, Alfredo Galasso und Pater Ennio Pintacuda und andere. Offiziell waren Orlando und Novelli noch immer Mitglieder ihrer Parteien.

Die Mitgliedschaft wurde jeweils für ein Jahr erklärt, das sogenannte Tesseramento, eine umständliche Prozedur, in der alljährlich nicht nur die Mitgliedschaft in Parteien, sondern auch in Vereinen wie etwa dem Touring-Club erneuert werden mußte. Automatisch geht das in Italien noch immer nicht. Die Einschreibzeit ist für die Parteien so etwas wie eine innere Abstimmung und für die Geschäftsführer das große Zittern. Wer mit dem Kurs nicht zufrieden ist, verzichtet auf die Verlängerung seines Parteibuchs und schleicht sich still davon.

Die Versammlung einigte sich aus solch rechtlichen Überlegungen, daß nicht Orlando die juristischen Schritte zur amtlichen Gründung von La Rete unternehmen sollte, sondern Nando Dalla Chiesa, der kein Parteimitglied war. Er bereitete ein Grundsatzpapier vor, das dann von den fünf Mitgliedern des Gründungskomitees unterzeichnet wurde: Orlando, Carmino Mancuso, Dalla Chiesa, Novelli und Galasso.

Am 24. Januar 1991, mitten in der Zeit des Golfkrieges, stellten dann die dreißig Mitglieder eines erweiterten Nationalkomitees die neue Partei in einer Pressekonferenz in Rom vor. Juristisch definitiv wurde sie aber erst am 21. März 1991 gegründet. Den Tag des Frühlingsanfangs, des Beginns des Primavera, hatte sich Orlando ausgewählt, um zum Notar zu gehen. In Erinnerung an seinen Palermer Frühling wollte er ein programmatisches Zeichen für die Anti-Mafia-Partei setzen. Sie sollte ihr offizielles Dasein als Erbin des politischen Kampfes nach 1985 in der sizilianischen Hauptstadt beginnen.

Schon drei Monate später mußte sich La Rete in der

ersten Wahl bewähren. Auf Sizilien sammelte La Rete landesweit 7,3 Prozent der Stimmen. In Palermo triumphierte Orlando mit 27,9 Prozent. Die Bewegung war etabliert. Der erste Parteitag konnte einberufen werden. 350 Delegierte aus ganz Italien reisten dazu im Dezember nach Florenz. Sie wählten Orlando zum Nationalkoordinator, also Parteichef, und Diego Novelli zum Geschäftsführer.

Die Gründungsurkunde, zu der sich immer mehr unabhängige Demokraten bekannten, beginnt mit den Worten: „Die derzeitige extrem ernste politische, institutionelle und moralische Krise in Italien ist der Schlußpunkt eines politischen Systems, das unter besonderen historischen Bedingungen geboren wurde und sich entwickelt hat. Sie haben die vollständige Identifizierung von Demokratie mit dem Parteiensystem hervorgebracht."

Als Folge dieser Identifikation „besetzten dieselben Parteien im Namen der fortschrittlichen Demokratie Institutionen und Einrichtungen der bügerlichen Gesellschaft in einem Regime der Unverantwortlichkeit, die durch eine absolut ungewöhnliche Bedingung garantiert wird: das Fehlen einer Alternative. Die Politik und ihre Hauptakteure haben sich auf diese Weise jahrzehntelang den grundlegenden Mechanismen der Kontrolle der demokratischen politischen Systeme entzogen." Es waren die Argumente, die Orlando zehn Jahre zuvor bei einem Reformkongreß der Christdemokraten schon vorgetragen hatte und die damals von Andreotti abgebürstet wurden.

Der totalen Parteipfründenwirtschaft, die Italien fest im Griff hatte, setzte La Rete drei Ziele entgegen:

Erstens: Die Bewegung will „kultureller Sauerteig" sein, systematisch Informationen verbreiten, um die Kenntnis und das Bewußtsein der wirklichen Probleme des Landes zu schärfen. Ethische Grundsätze haben über die politische Räson zu siegen, um die universalen Werte der Demokratie durchzusetzen.

Zweitens: Politischen Konsens herstellen, die Erneuerung des Landes durch Kampagnen fördern und die Kräfte sammeln, die sich für Freiheit, Solidarität, Gerechtigkeit, Meinungsfreiheit, Umweltschutz und Frieden einsetzen.

Drittens: Diesen Kräften die Möglichkeit verschaffen, in den Institutionen mitzuarbeiten, um ihre Ideen auch durchzusetzen.

Die Bewegung gab sich einerseits als Partei mit eigenen Wahllisten und Kandidaten. Andererseits verstand sie sich als militante Kraft, die in alle anderen politischen Gruppen hineinwirken wollte. Zunächst wollte die Führung nur dort als Partei auftreten, wo sie gute Aussichten auf Erfolg sah.

So verschwommen die Grundsätze auch waren, ein Jahr später zogen Rete-Abgeordnete nach den Parlamentswahlen in das Abgeordnetenhaus und in den Senat ein. Das war bei den Wahlen 1992, die in ganz Italien etwas voreilig als das Ende der Ersten Republik gefeiert wurden. Die sich anschließende angebliche Zweite erfüllt bis heute die meisten Hoffnungen nicht. Den meisten Italienern gilt sie jetzt nur noch als eine weitere Variante der 50jährigen Nachkriegsrepublik, als eine B-Ausgabe der Ersten Republik.

Immerhin: am 5. April 1992 kandidierten in 22 von 32 Wahlbezirken Italiens Rete-Kandidaten. Durchschnittlich erhielten sie landesweit 2,3 Prozent der abgegebenen Stimmen, in Palermo wiederum 28,5, in Trient 14,6, in Turin 5,5 und in Mailand 3,2 Prozent. Orlando konnte sich am Wahlabend als der Kandidat präsentieren, der überall, wo er angetreten war, also in Palermo, in Rom und in Verona, die meisten Stimmen erhielt. Er war der Abgeordnete mit absolut den meisten Wählerstimmen Italiens. Dreimal war er zum Abgeordneten und einmal zum Senator gewählt worden. Ein Dutzend Rete-Abgeordnete zog in die beiden Parlamentskammern in Rom ein.

Orlando bereitet sich, gestärkt durch diesen Triumph, aber auf ein ganz anderes Großereignis vor. Im Juni 1993 wählt in Palermo erstmals das Volk direkt den neuen Bürgermeister. In den Palazzo delle Aquile will Orlando um jeden Preis als Hausherr zurückkehren, im Interesse seiner Stadt, aber auch im Interesse seiner politischen Wirksamkeit. Denn das ist in diesen wenigen Monaten seit dem Rücktritt als Stadtoberhaupt von Palermo deutlich geworden. Der Rete-Chef braucht die Position des Stadtoberhauptes von Palermo als Voraussetzung, um landesweit und international gehört zu werden. Irgendein Anti-Mafia-Politiker weckt keine weltweite Neugier, auch nicht als Chef einer alles in allem doch noch wenig bedeutenden Partei. Doch als Anti-Mafia-Bürgermeister der Hauptstadt der Mafia steht er im nationalen und internationalen Rampenlicht.

„Paradoxerweise erregte Orlando in den Medien mehr Aufsehen, als er Bürgermeister von Palermo war und als er noch in der DC war", notierte der politische Korrespondent Augusto Minzolini von der Turiner Zeitung „La Stampa", einer der besten, wenn nicht der besten italienischen Tageszeitung. Orlando beherrschte, so die Beobachtung des Journalisten, „etwas ganz Neues in der italienischen Parteienlandschaft. Er riskierte nicht nur starke und deutliche Worte statt der einschläfernd nichtssagenden Wolken von Worthülsen der meisten Abgeordneten. Orlando provozierte, suchte die Konfrontation wie kaum zuvor. "

Seine Technik: „Er dämonisiert den Gegner, der sich offen gegen ihn wendet." Und er kehrt gegen seine Angreifer, was die Mafia in Palermo stets gegen ihn selbst eingesetzt hat. Er streut Gerüchte, schürt Verdächtigungen, und er wickelt seine Gesprächspartner leicht ein.

Allerdings hält die Faszination nicht lange an. „Er spricht mit Ihnen", beobachtete Andrea Salerno vom ultralinken Blatt „Il Manifesto", „als vertraue er Ihnen und nur Ihnen verschwiegenste Geheimnisse an, die nur er kannte. Doch am nächsten Tag", so Andrea Salerno, „kannst du alles in allen Zeitungen lesen." Ein mediterraner Defekt, fragte er. Es mag aber auch die Folge einer persönlichen Verbiegung sein, wenn ein Mann im Schatten einer korrupten Christdemokratie groß wird und ständig mit der Gerüchteküche leben muß. Dieser war er zudem lange Zeit als noch unerfahrener Lokalpolitiker in den 80er Jahren nicht gewachsen.

Orlando will nach Palermo zurückkehren aus persönlichen Bindungen, aus Neigung und auch wegen der gewaltigen Herausforderung. „Doch er wird es auch tun, weil er die Grenzen seines Wirkens erkannt hat. Als Anführer einer zu kleinen linken Gruppe kann er weder als Alternative auftreten noch gegen die etablierten Linksparteien viel ausrichten", analysierte der heutige PDS-Parteifunktionär Pietro Folena, früher sizilianischer KPI-Chef, Parlamentsabgeordneter und Mitglied der Anti-Mafia-Untersuchungskommission, einer ständigen Einrichtung des italienischen Parlaments.

Nach Folenas Eindruck hat Orlando aber auch erkannt, daß er als einer der vielen Minister in Rom weniger zählt als der Bürgermeister von Palermo und daß er dort Verbündete braucht: „Die Zeiten sind vorbei, in denen ein Orlando allein siegen konnte", meinte Folena.

Das mag übertrieben sein, zumal Orlandos Sturheit ihn durchaus verleiten kann, allein etwas zu erzwingen, wo ihm niemand sonst folgen will. Vielleicht sind die Argumente des PDS-Abgeordneten aber auch nur das indirekte Eingeständnis, daß es inzwischen in Palermo schwierig geworden ist, einen glaubwürdigen Kandidaten gegen Orlando aufzustellen: „Einen Kandidaten gegen Orlando zu präsentieren, wertet die Öffentlichkeit in jedem Fall als eine Kandidatur des alten Systems." So sehr hat sich in Orlandos Person Anfang der 90er Jahre das politische Anti-Mafia-Profil fast exklusiv verfestigt.

Schwer taten sich die etablierten Parteien auch mit Orlandos neuer Partei La Rete, die als Bewegung aus den verschiedensten Lagern Kraft abzog. Mit dem Bekenntnis zu einer Art Basisdemokratie und sauberer Politik war programmatisch so gut wie nichts festgelegt. Die Linksdemokraten von der PDS hätten ihn deshalb am liebsten vereinnahmt. Er hätte eine linke Sammlung anführen können, wie erst fünf Jahre später der Pool der Progressiven unter der Bezeichnung Ölbaum (Ulivo) und dem Ministerpräsidenten Romano Prodi, ebenfalls ein ehemaliger Christdemokrat und Orlando-Freund.

Für solche „Pools" war es 1991 noch zu früh. Sie zwangen sich erst auf, als das modifizierte Mehrheitswahlsystem eingeführt war. 75 Prozent der Abgeordneten werden mit absoluter Mehrheit gewählt, nur 25 Prozent nach dem Verhältniswahlsystem ausgezählt. Die Chancen für die kleinen Parteien sanken damit, und der Druck nahm zu, Listenbündnisse zu schließen. La Rete bewies aber, daß es eine neue Strömung in der italienischen Gesellschaft gab, die neue Bündnisse hervorbringen könnte.

Folena sah in Orlando eine Symbolfigur für diese Entwicklung, ohne daß es ihm schon jetzt voll bewußt geworden wäre. In einem 1993 erschienenen Interview stufte er Orlando als eine zeitgemäße Persönlichkeit des Übergangs ein: „Er trug in sich den Konflikt zwischen dem fruchtbaren Erbe des katholischen Sozialengagements und dem der herrschenden Klassen, des reichen

Adligen und Großbürgers, der wiederum nicht in der Lage war, seine Irrtümer zu erkennen oder gar zuzugeben."

Nach den Parlamentswahlen 1992 wurde es um den Rete-Chef ruhiger. Skandalöse Enthüllungen über Schmiergeldaffären schockierten die Italiener am laufenden Band. Sie spülten die sozialistische Partei weg. In diesem Jahr aber wurde vor allem der siebenfache Ministerpräsident und zwanzigfache Minister Giulio Andreotti angeklagt, die Mafia politisch geschützt zu haben und sogar einen Mord befohlen zu haben. Reuige Mafiosi beschuldigten Andreotti der Zusammenarbeit mit der Mafia.

Angesichts solcher Aussagen brauchte es keinen Leoluca Orlando mehr. Er konnte von seinem Abgeordnetensitz im Palazzo Montecitorio sagen, was er wollte, die Schlagzeilen lieferten andere. Gianni Pennacchi, Sonderkorrespondent der rechtsliberalen Zeitung „Indipendente" beobachtete lakonisch: „Ich erinnere mich noch, wie es vor wenigen Jahren war. Wer nach Palermo kam, wollte etwas über diesen jungen christdemokratischen Bürgermeister erzählen, der sich gegen Lima und Andreotti gestellt hatte. Im selben Augenblick, als Orlando dasselbe als Führer von La Rete sagte, hatte es ein geringeres Gewicht. Orlando als Parlamentarier scheint mir wie ein schnell vorbeiziehender Meteorit."

Das Jahr als Abgeordneter sah Orlando selbst wie ein Zwischenspiel, eine erzwungene Pause, eine kurze Erfahrung auf dem Rückweg nach Palermo. Orlando war zwar noch immer gut für eine Nachricht, aber nicht mehr für Aufsehen.

Die Ruhe vor dem Sturm endete am 16. April 1993. Das Mailänder Nachrichtenmagazin „Panorama" kam groß mit dem Bericht heraus, die Staatsanwaltschaft von Palermo ermittle gegen Orlando wegen der illegalen

Vergabe von öffentlichen Aufträgen während seiner Amtszeit. Quelle war die Justiz, die dem Magazin eine Aussage eines reuigen Mafioso zugespielt hatte. Am folgenden Samstag stand die Nachricht in allen italienischen Zeitungen. Am Sonntag erschien keine einzige Zeile mehr über die Vorwürfe.

Schweigen senkte sich wieder. Alles versandete. Warum aber die überraschende Veröffentlichung? An jenem Sonntag wurde in Italien über mehrere Referenden abgestimmt. Orlando hatte sich geweigert, mit den großen Parteien zu gehen und das Mehrheitswahlsystem zu unterstützen. La Rete gehörte zu einer kleinen Minderheit. Die Enthüllung sollte ihn wieder einmal diskreditieren. Einiges spricht dafür.

Ebenso wie gegen Andreotti sagten nun auch Kronzeugen gegen Orlando aus. Es waren Aussteiger der Mafia, die in der italienischen Justiz offiziell als „Häftlinge, die zur Zusammenarbeit mit der Justiz bereit sind", bezeichnet werden, um den volkstümlichen Begriff „Reuige" zu vermeiden. Undurchschaubar bleibt bis heute, ob sie nur Pseudopentiti sind und im Auftrag der Mafia Beschuldigte belasten. Ob sie das Blaue vom Himmel lügen, um berühmt zu werden oder nur, um unter Polizeischutz ein angenehmes und relativ sicheres Leben führen zu können. Ob sie wirkliche Reuige sind und nur die Wahrheit aussagen.

So berichtete einer, ein anderer, höherer Mafioso habe ihm anvertraut: „Orlando hatte in der Vergangenheit Beziehungen zu verschiedenen Mitgliedern von Cosa Nostra." Deshalb wurde sein Gesinnungswandel mit Mißtrauen beobachtet. In Kassibern und Absprachen von inhaftierten Mafiosi im Gefängnis von Caltanisetta, einer innersizilianischen Kreisstadt, wurde „die aktuelle politische Linie von Orlando als gegen Cosa Nostra gerichtet" verurteilt. Wegen des Bruchs mit der

Mafia, mit der Orlando also früher zusammengearbeitet habe, wie diese Aussagen suggerieren sollten, beschloß die Mafia-Führung unter Toto Riina (der Andreotti geküßt haben soll), Orlando, der „nicht mehr unser Freund ist", zu eliminieren.

Das brauchte nicht gleich als Ermordung verstanden zu werden. Die Mafia konnte Orlando auch als Politiker erledigen. Dafür dienten solche bestens terminierte angebliche Indiskretionen. Bei dem Volksentscheid gehörte er eindeutig zu den großen Verlierern – mit oder ohne Mafia-Einmischung.

16. Der internationale Star

Schillernd in der Heimat, ein gerngesehener Star im Ausland. So überbrückte Orlando die Zeit nach dem Verlust des Bürgermeistersessels von Palermo. In den USA ließ er sich als „populistischer Kreuzfahrer" feiern. Die Zeitungen definierten ihn als den „Chef der Antikorruptions-Bewegung". Selbst der internationale Nachrichten-Fernsehsender CNN interviewte ihn in seiner „International Hour". CBS präsentierte den Rete-Chef im Mittelpunkt der Tonight News.

Das verbreiteteste amerikanische Blatt „USA Today" machte gar mit einer Enthüllung, die ihr Orlando gesteckt hatte, die Seite eins auf. „Die neue Mafia ist in den Uranhandel eingestiegen." Die Mafia sei dabei, so referierte das Blatt unter Bezug auf Aussagen von Leoluca Orlando, ihr traditionelles Drogengeschäft aufzugeben, um ganz groß in den Handel mit Uran und Waffen aus der ehemaligen Sowjetunion einzusteigen.

Der ehemalige Bürgermeister von Palermo „geht davon aus, daß die Mafia ihre Kontakte in die ehemalige Sowjetunion nutzt, um Waffen für den Verkauf an die Verbündeten des Irak von Saddam Hussein zu kaufen."

Zweifel kamen „USA Today" nicht. Die Story war einfach zu schön, und was kümmerte es die Amerikaner, dem Wahrheitsgehalt nachzugehen, wenn ein so bekannter und durch seinen Kampf gegen die Mafia ausreichend legitimierter Mann wie Orlando selbst Ungeheuerlichkeiten verkündete. Was wiederum nicht hieß, daß es keinen Waffenschmuggel aus den GUS-Staaten gegeben hätte. Gefährlich sind nicht die einzelnen Elemente in Orlandos Aussagen. Riskant können die Schlußfolgerungen sein, was wiederum als ein beliebtes Versteckspiel im Interesse von kurzlebigen Schlagzeilen der italienischen Presse besonders eigen ist.

Die Zeitung „America Oggi" berichtete distanzierter von einem Vorschlag Orlandos, der die UNO davon überzeugen wollte, eine Kommission einzusetzen, die eine Liste aller zwielichtigen Politiker der Welt zu erarbeiten hätte. Sie sollten international geächtet werden, so ähnlich wie die USA mit ihrer schwarzen Liste ehemalige Nazi durch Visumverbot denunziert.

Orlandos Angriff gegen die „Schmarotzer" in der italienischen Politik und seine Absicht, die politischen Kräfte zu zerschlagen, damit eine neue politische Klasse entstehe, kommentierte das Blatt nachsichtig mit den Worten: „Jedoch auch er ist Politiker und Teil jenes Systems, das er Stein für Stein zerstören will. Wenn man ihm dies aber vorhält, geht er auf Distanz."

Auf jeden Fall wirbelte Orlando so viel Staub auf, daß das „Wall Street Journal" und „USA Today" und schließlich sogar das Nachrichtenmagazin „Newsweek" Interviews mit dem bunten Vogel aus dem fernen Italien führten. Auch wenn „Newsweek" Orlando nicht schon für den nächsten Morgen auf dem Sessel des italienischen Ministerpräsidenten sah, so erkannte es ihm doch zu, „einer der wenigen aufgehenden Sterne einer neuen Politik zu sein, eine Figur, die die Tumulte der Zeit umschließt, ein Erneuerer für seine Anhänger, ein Demagoge für die anderen".

Der bestbewachte Politiker, den ständig mindestens vier Leibwächter schützen, weckt die Neugier der gesamten Weltpresse. Selbst Japans größte Zeitung „Asahi Shimbun" widmet dem Sizilianer eine Reportage.

Das „Wall Street Journal" schreibt aus einer Begegnung mit Orlando beim Weltwirtschaftstreffen in Davos in der Schweiz: „Das ist ein sizilianischer Politiker, ein Mann des Gesetzes, ein Schriftsteller, der an der Spitze der schwarzen Liste der Mafia steht wegen seines unnachgiebig harten Kampfes, um die Politik und die italienische Gesellschaft von der Organisierten Kriminalität der Mafia zu befreien."

„In der Vergangenheit wurden alle erschossen, die so etwas versucht hatten, Richter, Polizisten und Politiker. Mister Orlando verbringt deshalb keine zwei Nächte am selben Ort. Er wechselt ständig seine Verabredungen. Seine Ortswechsel werden von Geheimnis umhüllt. Seine Familienangehörigen reisen ganz selten mit ihm. Auf keinen Fall begleiten sie ihn bei öffentlichen Auftritten." Bewundernder konnte man kaum von einem Politiker schreiben.

In der deutschen Presse erschienen Schlagzeilen wie „Die italienische Revolution" und „Nicht mehr allein gegen die Mafia". Aus Palermo berichtet die Zeitschrift „Tempo" mit dramatischem Tonfall: „Wir sind zum Tode verurteilt, sagen die Italiener von Palermo. Leoluca Orlando kämpft zusammen mit seiner Partei La Rete für eine neue Ära. Personen wie er riskieren ihr Leben, um die Ehrenwerte Gesellschaft zu besiegen, die auf tausenderlei Art und Weise die Macht in diesem Land besitzt."

In der ARD und im ZDF wird Orlando gerngesehener Gast. In einem 45minütigen Dokumentarfilm würdigt ihn das erste Programm. Für das Fernsehen ist er ideal. Er spricht deutsch und kann deshalb ohne Übersetzung den deutschen Zuschauern unmittelbar einen Schauer über den Rücken jagen, wenn sie diesen dunkelhaarigen Sizilianer sehen, der es mit der Mafia aufnimmt. Mafia, das war und ist noch immer ein medienwirksamer Renner, eine Nachricht über sie verspricht immer Spannung, dunkle Mächte, archaische Kräfte, geheimnisvoller Süden, bedrohliches Sizilien.

Alles wird zuammengekocht als Dekoration für den Helden, der immer wieder als Mafia-Jäger hochgespielt wird. Er ist gewiß vieles, das aber nicht. Das könnte sogar erklären, warum er noch nicht Opfer eines Anschlages geworden ist.

Er jagt nicht die Mafia wie der Staatsanwalt. Er wird auch nie einen Mafioso festnehmen. Er will die Grundlagen für die Mafia beseitigen und das mit den einzigen wirklichen Mitteln, die dauerhaft Erfolg haben, mit politischen. Orlando ist der Anti-Mafia-Politiker Italiens schlechthin, zumindest in der öffentlichen Wahrnehmung.

Auf das Geheimnis seines Erfolges gerade in den USA weiß Orlando eine simple Erklärung. Auf die Frage seines Interviewers Gaetano Savatteri, ob die Amerikaner ihn nicht überbewertet hätten, weil er doch nur ein italienischer Politiker einer Minderheitenbewegung sei, reagierte Orlando mit dem Selbstbewußtsein eines Mannes, der mit solchen Kriterien nicht gemessen werden könne.

„Das ist ganz einfach, die Amerikaner sind nicht gewöhnt, daß ein italienischer Politiker klar spricht und zudem Englisch kann." Zweitens sei er schon von früher bekannt gewesen, weil sein Leben eben international verlaufen sei. Orlando verweist auf sein Studium in Deutschland und seine Tätigkeit als Berater der OECD für Fragen der Entwicklungsländer.

Schließlich hätten die Amerikaner festgestellt, daß zahlreiche italienische Politiker noch immer in Vorstellungen des Kalten Krieges dachten und sich weit vom Konsens mit dem Volk entfernt hätten. Sie interessierten sich deshalb für die neue Politikergeneration.

In der heimatlichen Presse wird natürlich das Phänomen Orlando registriert. Gad Lerner beispielsweise, stellvertretender Chefredakteur der Turiner „La Stampa", moderiert eine Fernsehsendung „Milano, Italia". Er hat Orlando wiederholt als Gast begrüßt und versucht, das Geheimnis des internationalen Erfolges zu erklären. Er beobachtet, daß Orlando stets die Bühne beherrschen will. Wenn er nicht von allen bewundert werde, ziehe er sich schnell verärgert zurück. Er habe eine ausgeprägte Begabung, „Botschaften auszudenken, Gefühle anzusprechen, wenn aber eine intellektuelle Auseinandersetzung droht, sich gegen ihn zu wenden, wird er bockig: ein großer Solist", so Lerners Urteil.

Der andere große italienische Fernsehtalkmaster, Maurizio Costanzo, bestätigt einerseits Lerners Urteil: „Orlando funktioniert massenmedial hervorragend. Er spricht mit ernster Stimme, seriös, an der Grenze eines Hilferufes. Mit besorgtem Gesichtsausdruck, mit leuchtenden Augen, er weiß das Publikum für sich einzunehmen."

Orlandos Sätze setzen Emotionen frei, aber auch die wildesten Spekulationen. Düster drohend verkündet er vor den Fernsehkameras: „Wenn man mich morgen ermordet, dann war es nicht nur die Mafia." Das Publikum litt geradezu mit. Geheimnisvolle Mächte dieser korrupten politischen Klasse hatten sicherlich ein Interesse an einem toten Orlando statt einem „furiosen Orlando", der den Mist aus dem Saustall des Politsystems kehren wollte.

Orlando, so weiß Costanzo aus Erfahrung, antwortet trocken und treffsicher. Und geschickte Rhetorik kommt in Italien schon immer gut an. Sie wird nicht verübelt, eher wird sie zum Ruhmesblatt für einen sonst inhaltlich nichtssagenden Redner. Aber auch das wird Orlando vorgeworfen. Leere Rhetorik, wenn er etwa fordert: „Palermo braucht tausend Polizisten, tausend Buchhalter und tausend Feltrinelli-Büchereien!"

Die betroffenen Palermer wehren sich gelegentlich, wenn der Ex-Bürgermeister für ihren Geschmack die Wirklichkeit zu sehr außer acht gelassen hat. Regelmäßig bekommen die Zeitungen wütende Leserbriefe, wenn Orlando mal wieder zu sehr „Palermo, Stadt Europas", gefeiert hat. „Und was sollen die Löcher in den Straßen, was die offenen Abfallkanäle, die zum Himmel stinken, der chaotische Verkehr und der Abfall auf den Straßen?"

„Europäisches Palermo?" Von wegen: „Palermo gehört zur Dritten Welt." Das Bild stammt nicht von einem der Lobhudelei überdrüssigen Palermer. Gezeichnet hat es einer der bekanntesten italienischen Karikaturisten, der vor keinem Tiefschlag zurückscheut, Giorgio Forattini. Nach einem Mafiamord zeichnete er Sizilien als einen festen Bestandteil von Nordafrika.

17. Die Rivalen im Kampf um die Erneuerung

Die Mafia und der Kampf gegen den Kraken lassen Orlando eine Zeitlang besonders hervortreten. Doch er ist nicht das einzige neue Gesicht in den aufbrechenden politischen Strukturen der frühen 90er Jahre in Italien. Drei Konkurrenten aus Varese in der Lombardei, Sassari auf Sardinien und Catania auf Sizilien treten an, dem alten christdemokratisch beherrschten System den Gnadenstoß zu versetzen, und vollenden politisch, was die Mailänder Staatsanwälte juristisch begonnen haben. Ihr Urteil relativiert Orlandos Bedeutung für die Erneuerung Italiens, ohne seine Leistung zu schmälern.

Ein lautstarker, seltsamer, populistischer Bauernfänger heißt Umberto Bossi und ist ein beruflich vielfach erprobter und immer gescheiterter chauvinistischer Rechter, der mit sezessionistischen Parolen von der Unabhängigkeit des italienischen Nordens vom korruputen, Millionen verschlingenden Süden schwadroniert. Auch er wurde nach Rom gewählt, als Chef der Lega Nord, einer Sammlung dumpfen antirömischen Protests.

Der „Senatur", wie er in seiner Heimat um Varese genannt wird, kann mit dem Sizilianer nichts anfangen. Am liebsten würde er ihn gar nicht zur Kenntnis nehmen. „Orlando? Kenne ich kaum", sagt er Gaetano Savatteri, als der ihn für ein Buch über den Aufstieg des Palermers befragt.

Die Begründung, warum Bossi Orlando kaum kennen will, leuchtet ein. „Er sagt ja kaum was im Parlament."

Die parlamentarische Debatte ist in der Tat auch nicht Orlandos Stärke. Die hingeworfenen „kleinen Phrasen" sind mehr sein Metier und nicht die große Rede eines Abgeordneten. Bossi dagegen läßt keine Gelegenheit aus, wortreich und vulgär aufzutrumpfen. Aus Bossis Sicht hat Orlando La Rete genau in jenem Augenblick gegründet, als die DC nicht mehr die Rolle als Kleister der katholischen Welt erfüllen konnte. „La Rete hat diesen Prozeß sichtbar gemacht, vor allem im Süden, wo DC zugleich mit dem Staat identifiziert worden ist."

La Rete, das Netz, in dem sich die Mafia fangen sollte, war für den Populisten Bossi eher ein Netz, in dem alle unzufriedenen katholischen Wähler aufgefangen wurden, die bereit waren, noch weiter nach links abzudriften. Bossis Schlagwort für die Aktivisten des Netzes: Kathokommunisten.

Orlando ist in den Augen des Lombarden sowieso nur ein allenfalls mißratener Zögling der Cosa Nostra, denn „ich kann mir nicht vorstellen, daß einer, der in Palermo geboren und in der DC groß geworden ist, nicht die schmutzigen Gewässer kennt, in denen die Mafia schwimmt. Nein, es geht gar nicht anders. Er muß sie kennen: Orlando hat sich in jenen trüben Wassern bewegt, die die Parteien und die gewalttätige Mafia verbindet."

Orlando sprach er jegliche Zukunftsaussicht ab. Seine Liga werde die beiden zukünftigen Pole der italienischen Politik hervorbringen. „Wir werden die Revolution sein, die vollendet sein wird, wenn der Föderalismus in Italien verwirklicht ist. Aus dem Föderalismus werden die beiden neuen Parteien der Zukunft hervorgehen. Orlando spielt dabei keine Rolle. Er gehört nur zum Abschied von einer überholten italienischen Politik."

Tatsächlich wurde Bossi zum Zünglein an der Waage zwischen dem neuen rechten Pol der Freiheit unter dem

Mailänder Multimedien-Unternehmer Silvio Berlusconi mit den ehemaligen Neofaschisten von Gianfranco Fini und dem progressiven Pol um die ehemaligen Kommunisten mit Romano Prodi an der Spitze. Ob Bossi je seinen Bundesstaat verwirklicht sehen wird, bleibt ebenso fraglich wie seine eigene politische Zukunft. Separatismus ist kein Konzept für Italien, bundesstaatliche Elemente allerdings sind es auch ohne Bossi. Um den politischen Kampf gegen die Mafia käme auch ein vom Rest des Landes abgespaltener Norden oder Bossis Traumland „Padania" in der reichen Po-Ebene nicht herum.

Mehr als Bossis Kampagnen fürchtet Orlando die Wirkung des Streits um die europäische Einheitswährung Euro. „Wenn Italien nicht von Anfang an beim Euro dabei ist, könnte nicht Bossi zur treibenden Kraft des Separatismus werden, sondern die Industriestädte Turin und Mailand. Sie brauchen den Euro für ihre Geschäfte. Sie sähen sich durch den hochverschuldeten und wirtschaftlich schwachen Süden aus dem Euro gedrängt. Diese Schuldzuweisung könnte wirklich zur Spaltung des Landes führen", kommentierte Orlando im Frühsommer 1997.

Bossi beherrscht das Geschäft der Diffamation nicht schlechter als die Mafia und war in dieser Kunst Leoluca Orlando durchaus ebenbürtig. Ganz andere Töne zieht der Bürgermeister der zweitwichtigsten Stadt Siziliens vor, Catania am Fuß des Ätnas. Enzo Bianco verbindet mit Orlando so etwas wie ein paralleles Leben. Als Orlando in Palermo seinen Frühling realisierte, versuchte Bianco auf der anderen Seite von Sizilien dieselbe Politik.

Bianco mag die leisen Töne lieber. Er argumentiert vernünftig, statt lautstark zu polemisieren. Savatteri wurde von ihm mit den Worten empfangen: „Ich schätze Luca sehr und mag ihn sehr. Normalerweise eröffnen Politiker mit solchen Bekenntnissen vernichtende Urteile gegen den anderen. Bei mir ist dies aber nicht so. Mich verbinden mit Orlando wichtige Erlebnisse und Zeitabschnitte meines öffentlichen und privaten Lebens. Unsere beiden Erfahrungen waren die des sizilianischen Frühlings, er in Palermo, ich in Catania. Vielleicht ist wegen uns die kleinkarierte Kirchturmsmentalität zwischen den beiden Städten geringer geworden. Dann erinnere ich natürlich auch an den 3. Dezember 1989."

Am Tag zuvor war Bianco als Bürgermeister von Catania zurückgetreten, unter ähnlichem Druck wie Orlando in Palermo wenige Monate später. Er war frei zu einer Reise in die sizilianische Hauptstadt, um in der Villa Niscemi, der offiziellen Residenz des Bürgermeisters und Örtlichkeit für feierliche Zeremonien der Stadt Palermo, zu heiraten. 15 Personen waren zusammen. Orlando trug die trikolore Schärpe des Stadtoberhauptes, um Enzo Bianco und Anna Zero zu trauen.

Die persönliche Freundschaft erlaubte es Bianco, so glaubte er, eine Kritik an Orlando zu üben, die niemand als böswillig abwerten konnte. „Luca engagiert sich für Dinge, an die er glaubt, mit geradezu missionarischem Eifer, ohne sich zu schonen, weder geistig noch physisch. Er kann 20 Stunden am Tag arbeiten, sieben Tage in der Woche. Doch das erweist sich nicht immer als positiv. ‚Du mußt mehr schlafen', habe ich ihm immer wieder geraten. Der Mensch braucht Schlaf, sonst läuft er Gefahr, zu träumen und eine Wirklichkeit zu sehen, die es gar nicht gibt."

Orlando sieht die Wirklichkeit nach dem Urteil seines Freundes gerne so, wie er sie sehen will. Als seinen größten Fehler kreidet Bianco Orlando sein Nein zum Referendum über die Einführung des Mehrheitswahlsystems an. Mit Unterschriftenaktionen hatten Reformer den Volksentscheid erzwungen. Nach ihrer Ansicht könnte mit dem Mehrheitswahlsystem am nachhaltigsten die korrupte Parteienherrschaft der italienischen Nachkriegsrepublik beseitigt werden. Das neue System sollte zu klaren Mehrheiten führen und zwei große politische Alternativen schaffen.

Die Reformer zählten Orlando zu ihrem Lager. Er erweckte auch zunächst diesen Eindruck, wandte sich jedoch unerwartet von ihnen ab, obwohl schon bald klar war, daß das Mehrheitswahlsystem nicht aufzuhalten war. Bianco vermutet, Orlando habe wieder einmal nur kalkuliert, daß er als einsamer Gegner mehr Aufmerksamkeit auf sich ziehen könne. „Doch das war kurzsichtig. Aber er ist eben wie ein Missionar. Wenn die eine Herausforderung annehmen, sind sie auch vom Erfolg überzeugt."

Träfe Biancos Urteil über Orlandos kurzsichtige Publicity-Erfolge durch sein Nein zum Mehrheitssystem zu, dann wäre der Fehler noch mehr als nur ein politischer Irrtum. Er stellte Orlando als ein Taktierer dar, dem noch vieles an der Statur zum Staatsmann fehlt. Daran ändert auch sein Einwand wenig, daß das Mehrheitssystem nicht unbedingt das demokratischste sei.

Kurzfristig wird tatsächlich durch Orlandos Nein überall über seine Anti-Mafia-Bewegung gesprochen. Sie zahlt dafür einen hohen Preis. Sie erscheint als Querulanten-Partei und kann sich nicht als eine entscheidende neue Kraft durchsetzen. Bianco sieht einen Grund in Orlandos Persönlichkeit. Er sei nicht der geeignete Parteiführer. „Seine charakterlichen Nachteile werden durch La Rete noch verstärkt", beobachtete Bianco. Er nennt einen Hang Orlandos zur Schwarzweißmalerei: „Alles Gute steht auf einer Seite und alles Böse auf der anderen."

Zwischentöne und die Begabung zum Vermittler, die

für die Führung einer größeren Partei, die mehr sein will als nur der Wahlclub eines Helden, liegen dem Adelssproß nicht. Bianco gehört trotz der Freundschaft zu Orlando zur republikanischen Partei, einer linksliberalen Traditionspartei. Da sie ebenfalls mafios verfilzte Mitglieder hat, wurde Bianco gerade von La-Rete-Leuten scharf angegriffen. Orlando war bekannt, daß die Vorwürfe gegen Bianco unhaltbar waren. Dennoch war er nicht in der Lage, dies zu akzeptieren, oder er wollte seine eigenen Leute nicht bremsen.

Er wollte vielleicht nicht, weil er selbst, wie ein anderer Neuerer dieser frühen 90er Jahre beobachtete, im politischen Kampf nicht vom Persönlichen abstrahieren kann. Den politischen Gegner nahm er selbst schnell auch nur noch als persönlichen Gegner wahr.

Dieser andere Hoffnungsträger hieß Mario Segni, der Sohn eines italienischen Staatspräsidenten. Er war die treibende Kraft für die Referendumsbewegung. Auch Segni gründete eine Partei aus der zerfallenden Christdemokratie. Auch sie hatte als Partei nur bescheidenen Erfolg. Ihr entscheidender Beitrag zum Wandel in Italien war jedoch der Kampf für den Volksentscheid zur Einführung des Mehrheitswahlsystems.

Segni bewunderte Orlandos Fähigkeiten im Umgang mit den Massenmedien. Doch mit der Unberechenbarkeit des Palermers kam er nicht klar. Schon gar nicht mit seinen aggressiven Übertreibungen. La Rete trat mit einem hohen moralischen Anspruch auf. Dazu wollten Orlandos Ausfälle nicht passen, wenn er beispielsweise verkündete: „Besser ist es, wenn ein Unschuldiger im Gefängnis sitzt als ein Schuldiger draußen frei herumläuft." Der Satz brachte Orlando den Spottnamen „italienischer Chomeini" ein.

Und wenn dann ein angeblich Schuldiger im Gefängnis Selbstmord beging, dann war es für Orlando nur der

Beweis, daß er doch schuldig war. Ausdrücklich bestätigte er diese seltsame Logik im Fall des Managers Raul Gardini, der sich im Gefängnis das Leben nahm, weil der Spitzenmanager der Ferruzzi-Gruppe wegen Schmiergeldzahlung in der Mailänder Tangentopoli-Affäre angeklagt wurde, wo es um illegale Parteienfinanzierung ging.

Für Orlando nahm er sich nur das Leben, „weil er Schmiergeld bezahlt hat". Der Selbstmord war ihm nur ein Schuldeingeständnis. Da Orlando vermutlich nie an Selbstmord denken würde, konnte er sich auch nicht vorstellen, daß jemand sich tötet, weil er mit der Schmach der Vorwürfe nicht weiterleben wollte. Seine mangelnde Sensibilität untermauerte Orlando noch mit dem Hinweis, der Selbstmord wäre gar nicht nötig gewesen, da um diese Zeit bereits klar war, daß praktisch alle italienischen Unternehmer Schmiergelder bezahlt haben, um Aufträge zu erhalten.

Es blieb der Eindruck, der Katholik Orlando könne notfalls und schweren Herzens auch über Leichen gehen. Der Moralist, der sich in der Politik verloren hatte, schrieb Savatteri, sah überall Unmoral am Werk und verlor dabei jeden Maßstab.

Savatteri fand darin einen Beleg dafür, daß Orlando alle, die nicht dachten wie er, zum Regime zählte, das er zutiefst verachtete. Er fragte Orlando, ob er damit nicht nahe an die mittelalterliche Inquisition heranreiche.

Orlando konterte nur mit einem inzwischen in Italien geläufigen Satz: „Der Verdacht ist das Vorzimmer zur Wahrheit." Und er bezog sich dabei auf den heiligen Thomas von Aquin und auf Descartes. Die sprachen allerdings nicht von Verdächtigungen, sondern vom Zweifel. Der Verdacht müsse zur Wahrheit führen und nichts und niemand dürfe das verhindern.

Politisch gesprochen interpretierte Orlando seinen

Ausrutscher damit, daß „die Immunität der Abgeordneten aufgehoben werden müsse, damit der Verdacht nicht verewigt werde, weil es keine Chance gebe, die verdächtigten Abgeordneten vor Gericht zu stellen, um die Wahrheit herauszufinden".

Gegen Savatteris Charakterisierung von Orlandos grober Schwarzweiß-Einteilung der Menschen sprechen dessen Urteile über andere Persönlichkeiten. So schätzt der linke Orlando bis heute den derzeitigen Staatspräsidenten Oscar Luigi Scalfaro als einen korrekten und integren Politiker, obwohl der frömmelnde Präsident zum konservativsten rechten Flügel der Christdemokraten zählte. Allerdings weiß Orlando auch, daß Scalfaro trotz grundlegender politischer Meinungsunterschiede für ihn große Sympathien hegt.

Erfahren durfte dies Orlando im Wahlkampf für die Regionalwahl auf Sizilien 1991. Seine Partei La Rete trat zum ersten Mal an. Wäre die Bewegung bei der Wahl in Orlandos Heimat gescheitert, wäre ihre Zukunft schon damals beendet gewesen. Orlando setzte sich deshalb fast rund um die Uhr ein. Bis zu 16 Kundgebungen zählte er an einem Tag. Bei einer, in Calatafimi, wurde er vom Auto einer Frau aufgehalten. Die Signora stieg aus und schlug ihm einen Besuch in einem Frauenkloster in der Nähe vor.

„In meinem ganzen Leben habe ich noch nie Propaganda in einem Kloster gemacht, nicht einmal in einer Pfarrei." Der Widerspruch half nichts. Er mußte mitgehen. Die Mutter Oberin erwartete ihn schon an der Spitze ihrer Nonnen und sprach ihn an, wie er seit 1985 im Westen Siziliens angesprochen wurde: „Bürgermeister Orlando", als hieße er mit Vornamen Bürgermeister, notierte Orlando, der in dieser Zeit gerade Stadtoberhaupt a. D. war.

„Wir verfolgen Ihre Arbeit mit viel Sympathie und

bedenken Sie auch immer in unserem Gebet", sagte die Oberin. Sie kam etwas näher und eröffnete Orlando: „Natürlich stimmen wir auch für Sie." Orlando erinnerte sie daran, daß er nicht mehr Kandidat der Christdemokraten war. Die Antwort überraschte ihn dann doch sehr: „Die DC ist am Ende, Bürgermeister. Seien Sie unbesorgt. Von uns 38 Schwestern stimmen 38 für Sie. Wir wählen alle gleich. Auch das ist klösterliches Leben. Wir hätten auch für Sie gestimmt, wenn Sie nicht gekommen wären. Dann hat zudem gestern abend der Abgeordnete Scalfaro angerufen und sich sehr wohlwollend über Sie geäußert."

1992, wurde Scalfaro zum Parlamentspräsidenten gewählt. Die Mehrheit verdankte er den dreizehn Rete-Abgeordneten. Ehemalige christdemokratische Parteifreunde unterstellten Orlando einen politischen Kuhhandel mit irgendwelchen Zusagen. Sie hatten ihn und Scalfaro zusammen in der großen Aula, dem Transatlantico, lang in tiefem Gespräch auf und ab gehen sehen. Die beiden schacherten allerdings nicht um politische Ämter. Der angehende Präsident wollte Orlandos Meinung zu einigen neuen Studien über die Muttergottes wissen.

Scalfaro verehrte die Jungfrau Maria ganz besonders. Am 13. Mai 1992, so wollte es der parlamentarische Kalender, traten die beiden Parlamentskammern, Senat und Abgeordnetenhaus, zusammen, um einen neuen Staatspräsidenten zu wählen. Es war der Tag der Madonna von Fatima. Orlando glaubte nicht an einen puren Zufall. Scalfaro wurde jedenfalls mit seiner Unterstützung zum Nachfolger des eigenwilligen und deshalb umstrittenen Francesco Cossiga gewählt, der wiederum ebenfalls zu den wenigen von Orlando hochgeschätzten Christdemokraten gehört.

18. Der katholische Protestant

Die Zahlen sind kaum zu glauben. Zu Ostern 1997 hat ein italienisches Meinungsforschungsinstitut die religiöse Praxis der Italiener untersucht. Und Mafia hin, Mafia her, Palermo hat sich als die Stadt herausgestellt, in der die meisten Menschen zu Ostern zur heiligen Messe gehen. 82 Prozent der Palermer, durchweg Katholiken, bekannten sich zur Teilnahme an der Ostermesse.

Hinter der Hauptstadt der Mafia kam die Hauptstadt der katholischen Christenheit schlecht weg. Die Ewige Stadt Rom sah gerade 57 Prozent ihrer katholischen Einwohner am Ostersonntag in der Kirche. Weiter unten lag mit 52 Prozent nur noch das „rote" Bologna.

Es wäre dumm, eine innere Beziehung zwischen Mafia und Kirchgang zu sehen. Sizilien hat ein erzkonservatives spanisches Erbe und länger an katholischen Traditionen festgehalten als der italienische Norden. Kirchliche Wertvorstellungen rangieren bis heute ganz oben, selbst bei der Mafia, deren originärer Teil ja tatsächlich vorgibt, solche Werte zu verteidigen.

Orlando schmerzt es deshalb besonders, daß die Kirche trotz einiger harter Worte des Papstes und des Kardinals Pappalardo zu wenig gegen die Mafia unternehme. „Wenn sie sich ernsthaft im Kampf gegen die Mafia engagieren würde, wären wir in einem so katholischen Land wie Sizilien schon viele Schritte weiter." Pfarrer, die offen die Mafia bekämpfen, werden von ihr ermordet, wie Pater Puglisi von San Gaetano im Palermo-Vorort Brancaccio. Zu seiner Beerdigung kamen alle Würdenträger mit salbungsvollen Worten. Pfarrer Agostino Coppola konnte dagegen ungestraft im geheimen den Mafia-Boß Toto Riina und Antonietta Bagarella trauen und sich auf das Beichtgeheimnis berufen, weil er den Aufenthalt des polizeilich gesuchten Cosa-Nostra-Chefs nicht verriet.

Für den Katholiken Leoluca Orlando trägt die Kirche dennoch bis heute und trotz vielen Mißbrauchs jene Werte, an denen er sein Tun in jeder Lage messen will. So war es für ihn selbstverständlich, daß er über seinen Austritt aus der Christdemokratischen Partei, die sich als alleinige rechtmäßige Vertreterin der Katholiken in der Politik verstand, mit der angesehensten kirchlichen Autorität von Palermo, Kardinal Pappalardo, sprach.

Er bekannte ihm: „Eminenz, ich ertrage das nicht mehr, diese Partei will ich endlich verlassen." Der Kardinal betrachtete seinen Besucher mit neugieriger Sympathie. „Warum bist du dann zu mir gekommen", fragte er, „du bleibst doch katholisch?" Aber natürlich. Das stand für Orlando nie in Zweifel. „Gewiß, Eminenz", antwortete er etwas verunsichert. „Was fragst du mich also noch. Geh mit Gott." Von vielen Seiten wurde Orlando bestätigt, daß der Erzbischof eine sehr hohe Meinung von ihm habe.

Das Vertrauen einiger wichtiger Bischöfe stärkte dem Unruhestifter in der katholischen Politikszene den Rücken. Selten hatte er so viele Kontakte zu Bischöfen wie in dieser Zeit des Bruchs mit der DC. Beide Seiten kamen einander entgegen. Orlando suchte Orientierung und Rückversicherung. Die Bischöfe sondierten kaum verhohlen die Aussichten auf Reformen in der DC.

Zu einem Minderheitenbischof fühlte sich Orlando ganz besonders hingezogen. Es war Sotir Ferrara von Piana degli Albanesi, im Hinterland von Palermo. Dorthin hatte sich schon vor Jahrhunderten eine Gruppe albanischer Flüchtlinge geflüchtet und ihren von der katholischen Kirche anerkannten eigenen orthodoxen Ritus bewahrt. Die prächtigen goldenen Paramente, die langen, weihrauchschweren Messen hatten es Orlandos Seele angetan. Ein Besuch bei dem zehn Jahre älteren albanisch-unierten Bischof wirkte auf ihn wie eine geistliche Übung.

An solche Exerzitien dachte er auch, als er am Neujahrstag 1991 an die Pforte des recht kargen Bischofspalastes klopfte. Bischof Ferrara war allein daheim und öffnete selbst die Pforte. Orlando ließ seinen Begleitschutz mit dem gepanzerten Auto vor der Tür warten und folgte dem Bischof. Er wollte wissen, was der von seinem Parteiaustritt hielt. War sein, Orlandos, Weg mit den kirchlichen Wertvorstellungen zu vereinbaren? Der Bischof beruhigte ihn. Viel könne er nicht für ihn tun. Er werde aber für ihn beten, „wie für meine liebsten Nächsten".

Auf dem Rückweg dachte Orlando darüber nach, daß er auch schon einmal als Savonarola bezeichnet wurde, als moderner Bußprediger, dem es allerdings nicht so sehr um die sündige Kirche als um die sündhafte katholische Partei ging. Der Unterschied wog in Italien lange Zeit nicht viel, und die DC hatte aus diesem Synonym jahrzehntelang Wählerstimmen bezogen. Wer nicht für sie war, war auch nicht katholisch.

Fühlte sich Orlando deshalb weniger katholisch? Seine Vorliebe für Deutschland, das er als zweites Vaterland schätzt, war allgemein bekannt. Fühlte er sich deshalb auch schon etwas als Protestant? Könnte er sich vorstellen, die Konfession zu wechseln?

Auf die Frage antwortet er mit einem klaren und trockenen Nein. Der Übertritt läge zwar in der Konsequenz seiner Erfahrungen der letzten Jahre, gab er in einem Gespräch 1996 zu. Ihm reiche es aber, „sich als katholischer Protestant zu fühlen, und zwar in lutherischem Sinne".

Aus dem Bekenntnis spricht tiefes Bedauern für eine Entwicklung, die Italien bis heute geprägt hat, genauso wie Deutschland ohne die Reformation, ohne den ihr folgenden Dreißigjährigen Krieg und den Religionsfrieden ein ganz anderes Gesicht hätte, die Deutschen vermutlich auch eine ganz andere Mentalität, eine eher italienische.

Für Orlando sind die Italiener noch immer „ein unausgeglichenes Volk, weil wir nur die Reaktion erlebt haben, aber nie Aktion". Er meint, daß in Italien zwar das Konzil von Trient stattgefunden hat und im ganzen Land umgesetzt wurde. Doch Trient war die Antwort auf die deutsche Reformation, die es südlich der Alpen nicht gab. Die Italiener wurden also von einer Gegenreformation überzogen, deren Ursache und Auslöser ihnen fremd geblieben ist.

„Deshalb haben wir jahrhundertelang nicht die Ethik der individuellen Verantwortung gepflegt. Statt dessen bauten wir eine Kultur des Anscheins auf, eine Kultur, in der sich die Person in die Pfarrei, in die Familie, in den Clan, in die Parteien und sogar in die Cosche (Mafia-Gruppen) eingebunden fühlte." Die verfehlte Kirchenreform als Ursache für einen Etikettenschwindel, der sich italienische Individualität nennt und nur darin besteht, sich so verhalten zu dürfen, wie die eigene soziale Einbindung zuläßt.

Orlando geht sogar noch weiter. Für ihn ist der freie Markt eine unmittelbare Frucht der lutherischen Reformen. „Mit dem Ende des Ablaßhandels war der Weg frei für einen freien Markt." Gerade weil Luthers Verdammung des Ablaßunwesens Italien nicht erreicht hat, seien die Italiener auch gegenüber den wirtschaftlichen Folgen feindlich geblieben: Auf den freien Markt reagierte die Kirche mit Vorurteilen, religiösen Verurteilungen bis hin zur Inquisition, weil freier Markt auch freie Gedankenentfaltung bedeutet. „Vielleicht erklärt diese fehlende Erfahrung, warum in Italien der europäische Liberalismus nicht Fuß fassen konnte, dagegen aber hier die größte kommunistische Partei Europas entstehen konnte."

Mit solchen Überlegungen tut sich ein Katholik mit seiner Kirche nicht leicht. Orlando bekennt deshalb auch unumwunden, daß er ein schwieriges Verhältnis zur religiösen Praxis habe. Vor allem das Bußsakrament, das Katholiken und Protestanten am meisten unterscheidet, weckt tiefen Widerstand in ihm.

„Wie viele zeitliche Macht haben die Pfarrer durch Mißbrauch der Beichte geschaffen, wieviel politischen Einfluß haben sie sich im Beichtstuhl angemaßt!" Bei allem Vertrauen zu seinen prominenten Freunden unter den Klerikern geht ihnen Orlando aus dem Weg, wenn er beichten will. „Nie bei einem Pfarrer, den ich kenne," verriet er ohne Umschweife. „Wenn ich beispielsweise bei Pater Pintacuda beichten würde, ergäbe dies nur ein unglaubliches Durcheinander. Ich gehe deshalb lieber in irgendeine beliebige Kirche, stelle mich vor dem Beichtstuhl in die Warteschlange wie eine alte Frau aus dem Dorf und beichte beim nächstbesten Pfarrer."

Seine Sünden seien die der meisten Bürgermeister, kokettiert Orlando, wenn er über seine Beichtpraxis befragt wird. Das sind eben die Arroganz und die Einbildung. „Das Schöne ist, daß mein Beichtvater nie versteht, wenn ich Sündenfälle zugebe, weil er mich in keinem Fall kennt." Für Orlando ist die Buße vor Gott eine „ganz außerordentliche und sehr ernste Sache, die Beichte selbst scheint mir aber eher wie eine Art Jukebox: Du steckst eine Münze ein und weg." Innerlich lehne er die Beichte deshalb ab, könne sich aber nicht entschließen, nicht mehr beichten zu gehen.

Zum Vatikan hat Orlando kaum noch Beziehungen, seit er aus der DC ausgetreten ist. Er sieht sich als erster Katholik, der mit der DC gebrochen hat und nicht von der Kirche exkommuniziert worden ist. Das ist dann doch zuviel Selbstüberschätzung, denn Orlando mißt der katholischen Kirche in Italien eine Bedeutung bei, die sie unter dem polnischen Papst Johannes Paul II. nicht mehr hat.

Der Papst mischt sich nicht mehr in inneritalienische Konflikte ein, wie es seine italienischen Vorgänger noch für normal hielten. Die italienischen Bischöfe können sich deshalb kaum noch auf päpstliche Autorität berufen, wenn sie politischen Einfluß anmahnen. Knurrend und teilweise mit offenen Mißfallensäußerungen reagierten einige deshalb auch auf das Interview-Buch „Salz der Erde" des deutschen Kurienkardinals Joseph Ratzinger. Der Präfekt der Glaubenskongregation erkannte in diesem Buch an, daß heute selbst die exkommunistischen Linksdemokraten der PDS für Katholiken wählbar seien.

Schwer zu schlucken hatten die Bischöfe auch daran, daß der Papst als erster Heiliger Vater seit Generationen nicht mehr mit italienischen Politikern zu Abend ißt. Der kurze Draht zwischen Vatikan und Regierung ist zerschnitten, vorbei die Zeiten, als wichtige politische Entscheidungen im Kabinett erst gefällt wurden, wenn die Zustimmung „von jenseits des Tibers", wo der Vatikan liegt, eingeholt war.

Orlando hat inzwischen erkannt, daß sich in Italien endlich der Weg der politischen Geschichte von dem der Kirchengeschichte scheidet.

19. Mafioses gibt es überall

Von seiner Anti-Mafia-Kampagne zur Moralisierung von Politik und Gesellschaft sparte Leoluca Orlando niemanden aus. Sein Eifer richtet sich zuerst gegen einige Mitglieder der Kurie von Palermo, dann aber 1992 bei einer Veranstaltung in der kalabrischen Hauptstadt Catanzaro eröffnete er den Angriff gegen die ganze katholische Kirche: „Jetzt muß endlich auch das Tangentopoli in der Kirche aufbrechen, die Enthüllungen über korrupte Machenschaften müssen beginnen", forderte er.

Die Prälaten erschienen ihm bisher ebenso unberührbar wie die von der Immunität gedeckten Abgeordneten. „Die Tatsache, daß bisher gegen keinen Prälaten ermittelt wurde, läßt an der Glaubwürdigkeit der Kirche insgesamt zweifeln." Als Katholik bereite es ihm Bauchschmerzen, daß korrupte Kirchenmänner vom Staat geschützt würden. „Das System der Verbindung von Geschäftemacherei, Politik, Mafia und Freimaurerei hätte nicht aufgebaut werden können, wenn nicht direkt oder indirekt einige Teile des Klerus gedeckt worden wären."

In einem Fall irrte Orlando. Mitte 1997 wurde der Erzbischof von Monreale, dem benachbarten Bistum von Palermo, Salvatore Cassina, wegen Korruption vor Gericht gestellt. Orlando erinnerte sich, daß er als Bürgermeister von Palermo schon in seiner ersten Amtszeit sich geweigert hatte, Hunderte von Milliarden Lire, einige hundert Millionen Mark, für Arbeiten auszugeben, die nie ausgeführt wurden. Cassina habe sich bei ihm besonders um die Freigabe bemüht ebenso wie Monsignore Pecoraro, die beide als Mafia-Verbündete entlarvt worden sind. Sie gehörten zu jener Mafia, die gewöhnlich kaum in Erscheinung tritt, sozusagen der „politische Flügel der Mafia", wie es einen politischen Flügel der spanischen Terroristen ETA und der irischen Bombenwerfer von der IRA gibt.

Augenfällig wurde diese Zweiteilung, immer nach der Einschätzung von Leoluca Orlando, 1992, als Italien wieder einmal von Bombenanschlägen überzogen wurde, obwohl inzwischen der Boß der Bosse Toto Riina festgenommen worden ist.

Orlando hat dafür nur eine Erklärung: die Mafia habe den Weg der Blutbäder gewählt, um ihre Beziehungen zum politischen Arm zu klären. Sie wolle in einer Zeit, in der Andreotti offenbar nicht mehr in der Lage war, sie vor Verurteilung und Gefängnis zu bewahren, die Politik durch Attentate erpressen. Sie suche neue „politische Garanten". Gerade deshalb spiele die Lega Nord des Umberto Bossi ihr in die Hände. Je stärker der Wunsch nach Separatismus sich auspräge, desto mehr könne die Mafia profitieren. Die Geschichte beweise, daß diese Sezessionsbewegungen immer der Mafia geholfen hätten, gerade Sizilien im Griff zu halten.

Orlando irrt. Die Mafia war in Sizilien am stärksten, als der Staat am schwächsten war. Sie konnte sich überhaupt erst als Ordnungsmacht entwickeln, weil reiche Barone Selbstjustiz auf ihren Feudalbesitzen ausübten und die Ehrenwerte Gesellschaft als Ordnungsfaktor gegen den sogenannten Banditismus gebrauchte. Die schwachen staatlichen Institutionen des bourbonischen Königreichs Sizilien wie später des piemontesisch-italienischen Königreichs bedienten sich der Mafia, nicht weil sie sich von der fernen Zentralmacht lossagen wollten, sondern weil sie von ihr benützt wurden.

Der Mafia-Kenner Henner Hess folgerte aus der Geschichte Siziliens, daß „Mafia eine besondere Methode zur Festigung von Herrschaftspositionen ist. Unterstützung fand sie schon früh bei korrupten Elementen des staatlichen Zwangsapparates." Folgt man der klassischen Definition des Mafioso, so trägt selbst Orlando als typischer Sizilianer unweigerlich mafiose Züge.

Die Mentalität der Sizilianer ist Nährboden für das Entstehen des traditionellen Mafioso: „Die Mafia ist das Bewußtsein des eigenen Seins, die übertriebene Vorstellung von der Macht des Individuums, einzige Entscheidungsgewalt jeden Konflikts, jeder Auseinandersetzung von Interessen, daher die Unfähigkeit, die Überlegenheit und schlimmer noch die Anmaßung anderer zu ertragen", schreibt der italienische Mafia-Forscher des 19. Jahrhunderts Giuseppe Pitré schon 1889.

Der Mafioso will nach dieser Analyse „respektiert werden und erweist sich auch selbst fast immer Respekt. Wenn er beleidigt wird, wendet er sich nicht an die Justiz, verläßt er sich nicht auf das Gesetz. Täte er dies, bewiese er Schwäche und verstieße gegen die Omertà, das Gesetz des Schweigens, die jeden als widerlich und schändlich abstempelt, der sich an die Beamten wendet, um sein Recht zu bekommen."

Die Mafia ist, so ergänzt Hess, nicht denkbar ohne den Zerfall der feudalen Herrschaftsordnung und ohne das Versagen des burokratischen Staates, weil seine Macht aus keiner selbstverständlichen Legitimität abgeleitet werden kann. „Die Mafia ist in diesem Zusammenhang eine Selbsthilfeinstitution. Der Mafioso wird aber erst dann zum Verbrecher, wenn der Staat seine Normen durchsetzt und die Volksmoral der Staatsmoral entspricht."

Genau diese Deckungsgleichheit ist in Italien seit Jahrzehnten nicht mehr gegeben und nicht nur in Italien. Deshalb entwickeln sich überall mafiose Verhaltensweisen, nicht nur in der sizilianischen Gesellschaft, sondern auch in manchen deutschen Rathäusern und Beamtenapparaten. Diese Entwicklung läßt Mafia überall entstehen. Ohne diese die ganze Gesellschaft durchdringende Verhaltensweise kann nicht immer und wie selbstverständlich bei Organisierter Kriminalität von Mafia gesprochen werden.

Die Mafia ist stärker mit der Gesellschaft verwoben als jedes Verbrechersyndikat. Die Aufregung darüber, daß Gewerkschaften und selbst die katholische Kirche von der Mafia durchsetzt werden konnten, war eine Heuchelei. Wäre es anders gewesen, hätte die Mafia weiterhin wie bis in die 70er Jahre als eine archaische folkloristische sizilianische Besonderheit vernachlässigt werden können, die sensiblen Seelen einen eisigen Schauer über den Rücken zu jagen vermochte.

20. Der größte Wahlsieg

„Nichts war mehr wie zuvor", kommentierte Leoluca Orlando das vielleicht entscheidende Jahr für den Kampf gegen die Mafia. Es war die schlimmste Erfahrung der Ohnmacht des Staates, als Giovanni Falcone und Paolo Borsellino, die beiden mutigsten und angesehensten Staatsanwälte und Ermittlungsrichter, von der Mafia ermordet wurden. Der eine wurde Opfer einer Bombe unter der Autobahn Palermo–Trapani bei Capaci in der weiteren Bannmeile der Metropole, der andere in der Stadt selbst kaltblütig erschossen.

„Da ging ein Ruck durch die Bevölkerung von Palermo." Es war der Ruck, der auch die bisher ohnmächtig Resignierenden fordern ließ: „Basta!" (Schluß!). Endlich soll das Mafia-Unwesen aufhören! Es gab nur einen, der diese Stimmung in konkrete Aktion und Hoffnung umwandeln konnte. Das war Leoluca Orlando, zu dieser Zeit Abgeordneter in der ersten Kammer in Rom und mit dem Aufbau der Anti-Mafia-Partei La Rete beschäftigt.

Zuerst war er schon ins Parlament der autonomen Region Sizilien eingerückt, dann ins Abgeordnetenhaus. Jetzt spürte er seine große Stunde kommen. Zum ersten Mal wurden 1993 in Italien die Bürgermeister direkt vom Volk gewählt und nicht mehr unter den Rathausfraktionen ausgekungelt. In Palermo herrschte Orlando-Stimmung. Im November 1993 schließlich schickten 75,2 Prozent der wahlberechtigten Palermer den prominenten Sohn der Stadt zurück auf den Bürgermeistersessel. Landesweit sammelte La Rete immer noch 32,6 Prozent der Stimmen ein. Der Durchbruch der Anti-Mafia schien geglückt zu sein.

Das Ergebnis ließ die sogenannten politischen Beobachter reichlich perplex. Wer Palermo kannte, fragte sich nun doch etwas verwirrt, ob die überlieferten Bilder von der Herrschaft der Cosche, der Mafia-Clans, überhaupt nichts mehr wert seien. „Wer in Palermo mit soviel Stimmen gewählt wird, hat auch Stimmen von der Mafia erhalten." Mathematisch konnte es gar nicht anders sein, mit einer Einschränkung. Die Wahlbeteiligung lag dieses Mal extrem niedrig. Die Mafia hatte möglicherweise zur Stimmenthaltung aufgerufen. Es war das kleinere Übel, wenn schon kein Kandidat klar auf ihrer Seite stand.

Dennoch die Frage: Was hätte die Mafia bewegen können, sich auf die Orlando-Welle zu setzen und für ihn votieren zu lassen? Wollte sie ihn durch Umarmung statt durch Mord unschädlich machen? Kannte sie Orlando zu gut, um sich die Finger schmutzig zu machen, weil sie davon ausging, daß er sich schon selbst das eigene Grab schaufeln würde?

Das könnte auch erklären, daß es seit der Bürgermeisterwahl 1993 nur eine handfeste und ernst zu nehmende Bombendrohung gegen Orlando gab. Einmal wurde im Hof seiner Stadtvilla eine Attrappe gefunden, mehr nicht. Dennoch hetzt Orlando durch seinen Alltag, als stünde hinter jeder Ecke und jedem Verkehrsschild ein schießwütiger Mafia-Attentäter.

Orlando schließt diese Logik aus und konstruiert eine eigene Erklärung für das geringe Maß an offener Bedrohung. Seine beste Lebensversicherung sei paradoxerweise sein mutiger Kampf gegen die Mafia. „Wenn ich ermordet werden sollte, dann muß das nicht durch die

Mafia sein", spielt er düster auf Verschwörungen in der Politik an.

Namentlich sein Erzfeind Giulio Andreotti, der ihn 1990 zum Rücktritt als Bürgermeister gezwungen hat, weil er auf eine einfarbige christdemokratische Stadtführung gepocht hatte, taucht in Orlandos Argumenten immer wieder auf. Da er auf keinen Fall den Mord an Orlando auf sich laden lassen wolle, tue er alles, damit Orlando am Leben bleibe: der als Garant der Mafia verdächtigte Andreotti als Schutzpatron seines Gegners.

Ganz traut Orlando aber dieser Theorie offensichtlich nicht. Zwanzig Leibwächter schützen ihn im Schichtdienst rund um die Uhr. Auftritte begrenzt er auf allenfalls zwei Stunden an einem Ort, um der Mafia keine Zeit zur Organisation eines Mordes zu lassen. Im Ausland reist er mit geringerem Schutz der jeweiligen Regierung, dafür aber unter falscher Identität.

Beobachter bemerkten, daß Orlando die Flucht vor der angeblichen Morddrohung schon verinnerlicht hat. Ein Psychiater hat Orlandos gehetzte Lebensweise jedenfalls so analysiert. Das Leben in ständiger Lebensgefahr treibe Orlando voran, heute vielleicht schon mehr als jede andere programmatische Zielsetzung. Zumal er von klein auf mit der Bedrohung seines Lebens durch Krankheit – er erinnert an seinen seitenverkehrten Körper – zu leben gelernt hat.

21. Mafia, Europa und die Industrie

Mafia ist, wo Geld ist und wo Dunkel ist. Auf diesen kurzen Nenner brachte Orlando Ende 1996 die Frage nach Verbindungen zwischen der Organisierten Kriminalität und europäischen Institutionen. Gestellt wurde sie ihm von Heribert Prantl von der „Süddeutschen Zeitung", selbst ehemaliger Staatsanwalt.

Für Orlando ist die Europäische Union eine reiche Quelle. „Die EU hat Geld, also wird sie auch angezapft." Landwirtschaftsfonds, Regionalfonds, Strukturfonds, so heißen die bekanntesten Riesentöpfe, aus denen alle unterentwickelten Regionen Europas Hilfe holen. Nicht jeder Betrug ist allerdings mafios im Sinne, daß eine Mafia-Organisation dahintersteckt. Wer jedoch die gewaltigen Stauseen in Kalabrien vor sich hin trocknen sieht, weiß, wo die Mafia mitspielt.

Riesige Geldsummen, die nie verbaut wurden, flossen in die Kassen mafioser Unternehmer, denn nur mit Hilfe von Firmen, die an größeren Ausschreibungen der Form nach teilnehmen können, sind Milliardengeschäfte abzuschöpfen. Im Kleinen beim Bau einer Schule in Palermo, im Großen bei ganzen Stauseen oder dem Wiederaufbau von Dörfern, die durch Erdbeben zerstört worden sind. Ein Beispiel liegt im Hinterland der Mafia-Hochburgen, das Belice-Tal. 1968 wurden dort mehrere Dörfer zerstört. Schnelle Hilfe wurde angesagt und eingehalten. Statt des Wiederaufbaus wurden Wellblechhütten hingestellt und als solidarische

Aktion gefeiert. Sie stehen noch heute. Es hat sich nichts geändert.

Die Ruinen in Siziliens Erdbebengebieten illustrieren am besten, was unter dem Satz verstanden werden muß, die Mafia habe eine Landschaft im Griff. Ihre als biedere Betriebe auftretenden Firmen nehmen Aufträge und Geld an, ohne die Arbeiten je auszuführen. Oder sie stellen überhöhte Rechnungen für minderwertige und billige Produkte. Die eingeschüchterte Bevölkerung, der bei Aufmüpfigkeit kurzerhand das Wasser abgedreht wird, resigniert und folgt dem Gebot des Schweigens.

Ändern läßt sich von unten nichts. Dessen ist sich Orlando auch bewußt. Er plädiert für rigorose Gesetze, die es mafiosen Firmen und vor allem Investoren unmöglich machen, die Gewinne zu nützen. Mafioses Geld darf nicht in Umlauf geraten können. Mafia-Geld darf nicht vom Bankgeheimnis gedeckt werden. Hier hat Italien in der Tat durch eine strenge Devisenbewirtschaftung lange Erfahrung. Was in den 70er Jahren notwendig war, um den freien Fall der Lira zu bremsen, erwies sich in den späteren Jahrzehnten als ein ausreichendes Mittel, durch Kontrolle aller höheren Geldbeträge an die Vermögen der Bosse heranzukommen. Leider noch immer in unzureichendem Ausmaß. Die Polizei beschlagnahmt Milliarden-Summen, muß sie aber wieder freigeben, wenn sie die illegale Herkunft nicht nachweisen kann.

Es bringe absolut nichts, so argumentiert Orlando, nur die Bosse hinter Gitter zu sperren, wenn nicht umgehend ihr ganzes Vermögen beschlagnahmt wird. Und wenn dem verhafteten Mafioso nicht nachgewiesen werden kann, daß er sein Geld aus illegalen Geschäften und Erpressung kassiert hat? Orlando will dann, wie er in dem SZ-Interview sagte, vom Inhaftierten den Nachweis verlangen, daß das Geld sauber sei. „Ich plädiere bei Mafia-Verdacht für eine Beweislastumkehr. Der Verdächtige soll demonstrieren, daß er sein Vermögen anständig erworben hat."

Die Antwort meint aber nicht nur die Bosse wie Toto Riina. Sie zielt auf einen Mann ab, der 1994 als neuer Politstern am italienischen Parteienhimmel aufstieg: Silvio Berlusconi, Mailänder Bau- und Multimedienunternehmer, der seinen Reichtum aus dem Nichts als kleiner Bankangestellter geschaffen hat, in einer Branche, die überall auf der Welt mit dem Prinzip Eine-Hand-wäscht-die-andere vertraut ist, in der Baubranche.

Berlusconi war Bauunternehmer und zog einen ganzen neuen Mailänder Stadtteil, „Milano 2", in die Höhe. Mit dem Gewinn stieg er ins Lokalfernsehen ein und begann gesetzeswidrig die Monopole des Staatssenders RAI für landesweites Fernsehen zu brechen. Sozialistische Freunde wie Bettino Craxi halfen ihm, die gesetzlichen Bestimmungen zu unterlaufen.

Woher hat Silvio Berlusconi sein Geld? Die Frage hat der Medienmogul, der trotz gesetzlicher Einschränkungen den italienischen Privatfernsehmarkt kontrolliert, nie eindeutig beantwortet. Dem Münchner Nachrichtenmagazin FOCUS versicherte er vor der März-Wahl 1994, die ihn direkt ins Amt des Ministerpräsidenten nach Rom führte, er sei in die Politik gegangen, um seinen Konzern zu retten. Gemeint war, ihn davor zu bewahren, daß die Linksdemokraten, Ex-Kommunisten, die bestehenden Gesetze anwandten. Er hätte seinen dominierenden Einfluß mit drei widerrechtlichen nationalen Privatfernsehkanälen abbauen müssen.

Die Linksdemokraten galten in allen Umfragen bis kurz vor der Wahl als am aussichtsreichsten. Die Italiener votierten überraschend für Berlusconis Forza Italia: Er war neu in der Politik und ein erfolgreicher Unternehmer. Und er brachte etwas mit, was Orlando als

„völliges Fehlen jeder Achtung und Respekt vor sozialen Gruppen, vor Parteien, Gewerkschaften, Pfarreien, Verbänden und kulturellen Vereinigungen" bezeichnete. „Diese Gruppen bilden das Salz der Demokratie in unserem Land, und solange sie bestehen, besteht auch die Demokratie", analysierte Orlando und bescheinigte Berlusconi, jeden direkten Kontakt mit den einzelnen Bürgern zu meiden. Damit vermied er zunächst den Vergleich mit den abgewirtschafteten Institutionen und konnte die Wahlen gewinnen.

Seine Forza Italia sammelte den Protest des Landes ein und wurde so lange gestärkt, wie die Bevölkerung noch von ihr eine Besserung erwarten konnte. Als dies nicht eintraf, mußte Berlusconi abtreten. Die Korruptionsverwicklungen spielten eine zweitrangige Rolle und wurden erst später ernster genommen. Bisher brauchte Berlusconi nicht nachzuweisen, woher sein Reichtum stammt.

Daß egoistische Motive zur Rettung seiner Unternehmen ihn zum politischen Engagement trieben, gab Berlusconi später nie mehr zu. Als er sein Amt als Ministerpräsident verlor, blieb er in der Politik. Der Zauberlehrling hatte Gefallen am Geschäft mit der öffentlichen Macht gefunden.

Orlandos Aufforderung, er möge die Grundlagen seines Imperiums offenlegen, wagt heute keiner sonst noch an Berlusconi zu richten. Träfe die Vermutung tatsächlich zu, daß es direkte Mafia-Investitionen oder auch nur aus Mafia-Geldern stammende Kredite waren, wäre das höchste Ziel der Mafia in Italien längst verwirklicht. Ein Mafioso wäre Ministerpräsident eines der größten Industrieländer der Erde geworden.

Beweisen kann Orlando nichts. Er kann nur folgern und verdächtigen. Sicher ist allerdings eines. Die Amerikaner haben die von Benito Mussolini erfolgreich bekämpfte Mafia 1943 nach Italien reimportiert. Nach dem Motto „Der Zweck heiligt die Mittel" nützten sie den Haß der emigrierten und untergetauchten Mafiosi gegen den faschistischen Staat. Die Mafia durfte ihr Netz aktivieren und durch Untergrundarbeit in Sizilien die Invasion der Alliierten vorbereiten. Die Landung glückte mit weniger Verlusten als befürchtet.

Zum Dank durfte sich die Mafia in Rathäusern in ganz Sizilien installieren. Der Beitrag der Mafia am Sieg der Alliierten gegen die Deutschen ist unbestritten, der Dank auch. Der politische Einfluß der Mafia im Nachkriegsitalien war ein Kind der amerikanischen Befreier, und Giulio Andreotti war der amerikanischste italienische Spitzenpolitiker.

Das Kriegserbe konnte sich jahrzehntelang halten. Bisher ist jede italienische Regierung daran gescheitert, die kriminelle Verfilzung zu beenden. Für Orlando, der es in Palermo zu einem ansehnlichen Teil geschafft hat, liegt in der Erfolg- oder Tatenlosigkeit Roms der eigentliche Skandal. Ohnmächtiges Zuschauen will er nur für die unmittelbare Nachkriegszeit gelten lassen.

Dasselbe wiederholt sich für Orlando heute unter anderen Vorzeichen in den Ländern der ehemaligen Sowjetunion. Organisierte Kriminalität ist ein Teil der russischen Wirklichkeit. Wenn sie sich aber hinter Geldanlage verbirgt, tätigt die Mafia willkommene Investitionen, die in dem totalen Fehlen jeglicher staatlicher Autorität niemand kontrollieren kann oder will. „Die Mafia hat es verstanden, sich in der Gesellschaft einzunisten, bis sie mit ihr verschmolzen wurde. Sie kämpft gegen den Staat, aber zugleich als Bestandteil des Staates. Sie ist zugleich gegen die Banken und in ihnen selbst", resümiert Orlando seine Erfahrungen über die Verzahnung der Mafia. „In jedem Fall ist es ihr gelungen, sich mit den westlichen, vor allem den amerikanischen Interessen zu verbinden."

„In Rußland praktiziert die Mafia den reinsten Kapitalismus", folgert Orlando. „Sie nützt das kapitalistische System bis zum Exzeß. Damit ist sie zugleich die beste Garantie, daß Rußland nicht in kommunistische Zeiten zurückfällt. In einer Generation werden die größten Mafiosi Rußlands angesehenste Unternehmer und Banker, Ehrenmänner sein, deren Kinder eine hervorragende Ausbildung genossen haben und die neue, westlich denkende Elite des Landes stellen."

22. Der Tod eines Carabiniere

Direkte Schuld am Tod eines Unteroffiziers der Carabinieri – das war der schwerste Vorwurf, der Leoluca Orlando je gemacht wurde. Der Bürgermeister soll durch unhaltbare Verdächtigungen den Carabiniere Antonio Lombardo zum Selbstmord getrieben haben. Der Polizist brachte sich am Abend des 4. März 1995 in der Bonsignore-Kaserne in Palermo um. Er hatte zur Sondertruppe ROS gehört, die 1993 den Mafia-Boß Toto Riina festnehmen konnte.

Tagelang war Orlando der schlimmsten Vorwürfe ausgesetzt, ausgerechnet zu einer Zeit, in der er gesundheitlich angeschlagen war. Angefangen hatte alles mit der Fernsehsendung „Tempo Reale" von Michele Santoro am 23. Februar 1995. Es ging um einen jener Vorwürfe, die Orlando nicht müde wurde zu wiederholen: die Verquickung von staatlichen Institutionen mit der Mafia. Orlando wurde aufgefordert, nicht nur allgemeine Vorwürfe zu erheben, sondern Namen zu nennen. Er ließ sich dazu hinreißen, von dem Carabinieri-Chef von Terrasini zu sprechen, einem kleinen Küstenort zwischen Palermo und Trapani. Den Namen sprach er nicht aus. In Palermo wußte dennoch jeder Bescheid, vor allem aber der Carabiniere Lombardo.

Dessen Tod treibt Orlando noch heute um. Kein Thema bewegt ihn neben dem Tod seines jahrelangen Gefährten Giovanni Falcone mehr als dieser Selbstmord. Kein Thema schildert er ausführlicher und detaillierter als die Vorgeschichte dieses Todes eines Carabiniere, obwohl er nie dafür gerichtlich verantwortlich gemacht wurde. Aber nach seinem Eindruck wird um so mehr von Gerichten, Staatsanwaltschaft und Heeresspitze, der die Carabinieri unterstellt sind, die Wahrheit verschwiegen.

Die Geschichte beginnt Mitte der 70er Jahre, als in der Mafia ein Krieg um die Vormacht tobte, an dessen Ende zehn Jahre später der Clan der Corleoner gesiegt hatte. Mehrere hundert Tote blieben auf der Strecke, der unterlegene und spätere „reuige" Mafioso Tommaso Buscetta verlor fast seine ganze Verwandtschaft.

Die beiden gegnerischen Gruppen waren grundverschieden. Die Corleoner um Salvatore „Toto" Riina gehörten bis dahin eher zu den Randerscheinungen, die scheinbar nicht dem Image des Mafioso der 80er Jahre mehr entsprachen. Ihnen wurde nur Brutalität und Gewalt zugeschrieben. Zu mehr als den klassischen Mafia-Einschüchterungs- und Erpressungsmethoden seien sie nicht fähig.

Der Gipfel der Cosa Nostra war in den Händen von Männern wie Stefano Bontate, Salvatore Inzerillo (beide später ermordet) und Gaetano „Don Tano" Badalamenti, die sich gerne modisch kleideten, sich in den vornehmen Salons zeigten und sich politisch an den Christdemokraten Salvo Lima banden, den Statthalter zuerst von Amintore Fanfani und später von Giulio Andreotti. Ihr Vorbild war die amerikanische Mafia, die dank politischer Beziehungen, statt mit der Maschinenpistole Geschäfte zu erpressen, ins große Geschäft eingestiegen war, vor allem mit Drogen.

Gegen die Ausrottungskampagne der Corleoner hatten sie jedoch keine Chance. Alle Badalamenti-Anhänger wurden erschossen, mit Ausnahme von Buscetta, der nach Übersee fliehen konnte. In Palermo hatte sich

Bürgermeister Vito Ciancimino zum „Supercorleonesi" gewandelt.

Die seltsamste Rolle spielte bei diesem Mafia-Krieg Badalamenti. Er wurde vermutlich schon 1978 entmachtet, konnte unbehelligt ins Ausland flüchten und von den USA aus, wo er später verhaftet wurde, weiter das internationale Drogengeschäft der Cosa Nostra dirigieren. Selbst sein „Territorium" durfte er indirekt weiter kontrollieren und seinen Anteil an den Abgaben und erpreßten Schutzgeldern aus „seinen Gemeinden" Cinisi, Terrasini und Capaci fast wie eine Rente kassieren.

Jahrelang bleiben diese drei Orte vom Mafia-Krieg verschont. Die Corleoner kümmern sich demonstrativ nicht um sie. Der „Mafia-Vertrag" erweckt den Anschein, als bestehe in diesem Dreieck im Westen von Palermo die Mafia überhaupt nicht, obwohl sie lediglich von einem Boß in der Ferne mit Duldung seiner Besieger dirigiert wird.

Wie wenig der Mafia-Frieden tatsächlich wert war, belegte der Tod eines jungen Linksextremisten, der in Cinisi ein Lokalradio betrieb, in dem er ständig die Mafia angriff. Dieser Peppino Impastato wurde 1978 neben den Bahnschienen bei Cinisi tot aufgefunden. Angeblich hat ihn eine Bombe in die Luft gesprengt, vermutlich weil er Badalamenti nicht nur als Mafioso bezeichnet, sondern ihn auch beleidigt habe.

Die Ermittlungen in dem Mordfall wurden nach Orlandos Darstellung „jahrelang objektiv von den für den Ort zuständigen Carabinieri verschleppt", die sich damit selbst mit der Mafia eingelassen hätten.

Jahre später brachte der Ermittler Antonino Caponnetto heraus, daß die Carabinieri konsequent einer falschen Spur folgten. Sie waren stets davon ausgegangen, daß Peppino Impastato sich selbst versehentlich beim Bombenbasteln in die Luft gesprengt habe. In einer nahen Hütte sei jedoch ein Stein gefunden worden, der von Impastatos Blut verschmiert war. Dieser Stein konnte auf keinen Fall durch die Explosion an diesen Ort geschleudert worden sein. Vielmehr sei Peppino in dieser Hütte ermordet und erst danach neben die Schienen gelegt worden.

Dieses seltsame Regime in dem Dreieck endete erst 1992. Die Corleoner übernahmen offensichtlich die Herrschaft und demonstrierten sie gleich blutigst. Sie sprengten mit einer Bombe unter der Autobahn bei Capaci den Ermittlungsrichter Giovanni Falcone in die Luft. Gaetano Badalamenti saß zu dieser Zeit bereits in den USA im Gefängnis. Falcone sollte ermordet werden, aber auch der noch immer potente Badalamenti durch den Anschlag auf seinem eigenen Gebiet gewarnt werden, nicht Buscettas Beispiel zu folgen und gegen die Mafia auszusagen.

Die Spannungen innerhalb der Mafia von Capaci-Cinisi-Terrasini ließen sich kaum verbergen, als 1993 in Terrasini der Bürgermeister erstmals direkt vom Volk gewählt werden sollte. Für Orlandos Partei La Rete ließ sich Manlio Mele aufstellen, ein junger Architekt aus dem Ort, der viel im Ausland gelebt hat. Die beiden Konkurrenten wurden den alten Mafia-Clans des Ortes der Badalamente und D'Anna sowie den neuen Herren der Corleonesi zugerechnet. Mele wurde durch deren Uneinigkeit gewählt und bekämpfte in Terrasini alle mafiosen Geschäfte wie Orlando im benachbarten Palermo.

Die Corleonesi gaben sich nicht geschlagen. In Terrasini bauten sie ein neues Hotel, obwohl dies bisher das Monopol der Badalamenti-Anhänger war. Als eines Tages hundert Offiziere der britischen Navy, die zu den auf Sizilien stationierten Nato-Truppen gehörten, hier für einige Zeit untergebracht werden sollten, schaltete Mele seinen Freund Orlando ein. Dieser unterrichtet den Präfekten in Palermo über den Schaden, der in der Öffentlichkeit angerichtet würde, wenn Ihrer Majestät Offiziere in einem Mafia-Hotel untergebracht würden Der Präfekt schaltete sofort und forderte von Mele einen Bericht über die lokalen Mafia-Verwicklungen an.

Über Meles vertraulichen Bericht wußte wenig später die ganze Gegend Bescheid. Die undichte Stelle war schnell ausgemacht. Es war der Carabinieri-Chef Lombardo, dem offizielle „geheimdienstliche Kontakte" zur Mafia-Familie D'Anna bescheinigt wurden. Offen zeigte sich Lombardo auch mit den ortsbekannten Männern der Ehrenwerten Gesellschaft.

Orlando meldet die unhaltbaren Zustände dem damaligen Innenminister Roberto Maroni von der Lega Nord. In den nächsten Monaten kommt Orlando in Gesprächen mit Maroni und der Spitze der Carabinieri regelmäßig auf offensichtliche Behinderung der Arbeit der Rete-Bürgermeister durch die Carabinieri zu sprechen. Schließlich schickt die Armee einen General zu Mele, um sich bei ihm zu entschuldigen. Im Februar 1995 wurde schließlich Orlando ins Fernsehen eingeladen, wo er diese seit Monaten beobachtete Zusammenarbeit lokaler Carabinieri mit der Mafia öffentlich anklagte. Zur selben Stunde, als „Tempo Reale" mit Live-Schaltungen nach Terrasini abwechselnd mit Studio-Gästen in Rom ausgestrahlt wurde, berieten im Innenministerium Staatssekretär und Abgeordnete über Terrasini.

Am Tag nach dem Selbstmord des Maresciallos Antonio Lombardo am 5. März griff der kommandierende General der Carabinieri Luigi Federici in einem Kommuniqué Leoluca Orlando scharf an. Lombardo habe in einem Abschiedsbrief ihn und seinen Fernsehauftritt als Ursache für seine Tat genannt. Der Vorwurf hielt sich bis zu den Abendnachrichten, als das Telegiornale RAI 2 den ganzen Abschiedsbrief bekanntgab. Von Angriffen gegen

Orlando und die Fernsehsendung fand sich nichts darin. Für den folgenden Abend wurde Orlando zu einer Konfrontation im Studio mit General Federici eingeladen. Doch statt des obersten Carabiniere erschien der renommierte Publizist und Kommentator Enzo Biagi. Beide konnten die Frage nicht beantworten, warum die Carabinieri den Abschiedsbrief gefälscht hatten.

Gleichzeitig setzte in Palermo eine regelrechte Kampagne gegen Orlando ein. Gianfranco Micciche von Forza Italia bezeichnete ihn als „moralischen Mörder". Die Carabinieri-Gewerkschaft – auch das gibt es in Italiens Armee – forderte den Rücktritt des Bürgermeisters. In einer Karikatur wurde Orlando mit Hitler verglichen und offen als Mörder abgeurteilt. Luciano Violante, mit Orlando befreundeter ehemaliger Vorsitzender der parlamentarischen Anti-Mafia-Kommission und heutiger Parlamentspräsident, warnte alle, die öffentliche Ämter innehaben, öffentliche Anklagen zu erheben, wenn sich der Betroffene nicht umgehend rechtfertigen könne.

Seltsam nur: der einfache Maresciallo, also Unteroffizier und Polizeipostenleiter Lombardo war in den vergangenen Jahren wiederholt in den USA und traf dort mit Badalamenti zusammen. In wessen Auftrag? Sollte sich die Staatsanwaltschaft oder der Geheimdienst des Dorfpolizisten bedient haben, um Don Tano Badalamenti auszuspionieren? Orlando schließt das aus. Lombardo sei von Badalamenti wie ein Freund aus der Heimatgemeinde empfangen worden.

Jedenfalls ließen die Carabinieri am Tag nach Orlandos Fernseherklärung mitteilen, daß Lombardo nicht mehr in die USA reisen werde. Am selben Tag ließ Badalamenti durch seine Anwälte erklären, daß er selbst nicht mehr beabsichtige, nach Italien zurückzukehren. Orlando vermutet, Badalamenti hätte überzeugt werden sollen, in Italien gegen den Kronzeugen Buscetta auszusagen. Er hätte, so folgert Orlando, Buscettas Aussagen über Andreottis Mafia-Kontakte erschüttern können und Lombardo hätte im voraus wegen seiner freundschaftlichen Beziehungen zu ihm herausfinden sollen, was Badalamenti vorhatte.

Nach Orlandos Fernsehanklage hätten ihn seine Vorgesetzten nicht mehr weiter gedeckt. Lombardo habe sich von allen verlassen gefühlt und deshalb Selbstmord begangen. Orlando sah sich auf einmal nicht mehr in der Rolle des Angeklagten, sondern des Klägers: „Lombardo war diesem schmutzigen Spiel nicht gewachsen und hat sich deshalb leider das Leben genommen." Badalamenti wurde dagegen als Zeuge zum Prozeß gegen Andreotti geladen. Sein Anwalt Larry Schoenbach ist wenig überzeugt, daß sein Mandant aussagen werde: „Im Leben sind nur drei Dinge sicher: der Tod, die Steuern und das Schweigen von Don Tano."

Die Cosa Nostra der Corleonesi demonstrierte, daß sie keineswegs „mit dem Rücken zur Wand stand", wie die Medien nach dem „Blutbad von Capaci" mit der Ermordung des 52jährigen Ermittlungsrichters Falcone, seiner Frau und dreier Leibwächter am 23. Mai 1992 glaubten. Ein letztes Aufbäumen? Keineswegs. Sein Nachfolger Paolo Borsellino war gerade zwei Monate im Amt, als auch er am 19. Juli 1992 vor dem Haus seiner Mutter in Palermo von einer Bombe zerfetzt wurde. Fünf Leibwächter verloren ebenfalls das Leben.

23. Es wird einsam um den Bürgermeister

Palermo, Via Dante 159, die Villa der Familie Orlando. Im Januar 1996 entschlossen sich Orlandos Frau Milly und die beiden Töchter Eleonora und Leila, in das Prunkgebäude im Stil der Jahrhundertwende einzuziehen. Hier fühlt sich auch Leoluca am wohlsten, am sichersten. Kann sich das Haus nicht auch in eine Falle verwandeln, aus der es kein Entrinnen mehr gibt, wurde er gefragt. Doch Orlando „hat daran noch nie gedacht. Nach der letzten Mafia-Warnung habe ich mehrere Sicherheitssysteme anbringen lassen. Mein Haus hat mir immer Ruhe und Schutz gebracht. Wie sagte schon Machiavelli: ‚Ich ziehe mir daheim gleich die schmutzigen Kleider der Arbeit aus.' Kaum schließt sich die Tür hinter mir, bin ich nicht mehr Bürgermeister und auch nicht Politiker."

Ganz stimmt dies allerdings nicht. Seine Mitarbeiter treffen sich häufig spät in der Nacht in der Via Dante, um über die wichtigsten Beschlüsse an der Spitze der Großstadt Palermo zu beraten.

Bei einer dieser nächtlichen Sitzungen des Bürgermeisters mit seinen Referenten ging es um Verkehrsprobleme der Stadt. Wie sollte den Palermern der Verzicht auf ihr Auto schmackhaft gemacht werden? Der öffentliche Nahverkehr funktioniert zwar besser als vor einigen Jahren. Die ihm vorbehaltenen Straßenspuren erleichtern das Durchkommen im Berufsverkehr. Doch die überfüllten Busse ziehen zu wenig Autofahrer an, gerade zu Einkäufen im Zentrum die Macchina daheim stehen zu lassen.

Orlando hört sich die verschiedenen Vorschläge an. Einer setzt auf die Werbung mit den neuen umweltfreundlichen Bussen. Der andere plädiert für eine Plakatkampagne. Die Sachfragen langweilen Orlando sichtlich mehr und mehr. Er greift zum Whisky und zu Chips. Manchmal nimmt er eine ganze Handvoll auf einmal in den Mund, schluckt gierig den Alkohol und bekennt schließlich, daß er den ganzen Tag vor Hetzerei kaum zum Essen komme und deshalb nachts in sich hineinstopfe, was gerade da sei.

Die Familie läßt sich bei solchen Gelegenheiten nicht sehen. Überhaupt erscheint das Haus eher unbewohnt. Leicht dekadent lösen sich Elektroschalter aus der Wand, hängen Kabel durch und bedeckt graubraune Patina die stuckverzierte Decke. Kalte Pracht verbirgt sich dahinter. Sie war einmal der Ausdruck immensen Wohlstandes der neuen Bürgerschicht Palermos, als die industrielle Revolution auch den Westen Siziliens erreicht und die Orlandos aus dem Landleben zum Großbürgertum aufstiegen. Orlandos Großmutter, die Herzogin Arezzo, fühlte sich hier nie wohl. Ihr roch das alles zu sehr nach Parvenu, nach Emporkömmling. Sie mied die Jugenstilvilla.

Leoluca Orlando geht selten vor zwei Uhr ins Bett und steht schon nach vier bis fünf Stunden Schlaf wieder auf. Meist sitzt er nachts in seinem Arbeitszimmer, das vollgestopft ist mit Erinnerungen an seine größten Erfolge als Politiker. Fotos mit den Prominenten dieser Welt, ein Tuch vom Dalai-Lama, Widmungen und Erinnerungen.

Da wundert es nicht, daß an diesem Abend nicht nur über den Smog in Palermos Innenstadt gesprochen wird. Fidel Castro ist im Land. Er will natürlich Leoluca Orlando treffen. Kommt er nach Palermo? Nein, das nun auch wieder nicht. Aber in Rom ist ein Meeting angesagt.

Orlando und die Größen dieser Welt. Keine läßt er aus. Dabei hebt er von seinem Palermo immer mehr ab. Eine Begründung, warum er sich nicht mehr so sehr um seine Stadt kümmern müsse, hat er auch zur Hand. Je normaler Palermo wird, also je normaler die Bürger dort ohne Einschüchterung und Angst vor der Mafia leben können, desto mehr kann es sich der Bürgermeister erlauben, das Ansehen der Stadt in der ganzen Welt zu mehren, durch Reisen, Vorträge und als Abgeordneter im Europäischen Parlament, wo er sich der Fraktion der Grünen angeschlossen hat.

„Er hat den Sinn für die Notlage der Stadt verloren. Er hält sie tatsächlich schon für normal." Die Aussage stammt nicht von einem politischen Gegner. Sein politischer Ziehvater, der Jesuit Ennio Pintacuda, charakterisierte damit Orlandos Entwicklung in den drei Jahren nach 1993. „Er vernachlässigt die Sanierung der Stadt und setzt mehr auf Festivals wie ‚Palermer Sommer'." Außerdem, so wirft Pintacuda dem Bürgermeister vor, habe er die falschen Personen um sich gesammelt, die Opportunisten.

Einige der besten Mitarbeiter verließen ihn. Das wird auch bei der bereits zitierten nächtlichen Sitzung in der Via Dante deutlich. Schranzen und Wichtigtuer geben den Ton an, Kompetenz scheint in den Hintergrund zu rücken.

Pintacuda hat mit Orlando gebrochen. Zu seinen Veranstaltungen, in denen Orlando früher stets als Redner willkommen war, lädt er ihn nur noch als normalen Gast ein. Der Bürgermeister verzichtet schon länger auf Teilnahmen. Der Bruch schmerzt um so mehr, als der 64jährige noch immer eine moralische Autorität für Orlandos Wählerschaft bedeutet. Wie Orlando der berühmteste italienische Anti-Mafia-Politiker genannt wird, so heißt es von Pintacuda, er sei der prominenteste Anti-Mafia-Priester.

Unter der Bedrohung durch die Mafia hat auch der Pater Zuflucht hinter Kasernenmauern nehmen müssen. Das offene Haus der Jesuiten in Palermo war zu riskant geworden. Damit jedermann zu den Patres kommen konnte, wurde auf Kontrollen verzichtet – für Pintacuda lebensgefährlich.

Doch nicht nur der Jesuit und seine „Stadt für den Menschen" sind auf Distanz zu Orlando gegangen. Auch die Linksdemokraten ließen ein Jahr vor der Bürgermeisterwahl im November 1997 wissen, daß sie Orlandos erneute Kandidatur nicht unterstützen werden. Er hat die Distanzierung selbst mit einem Akt provoziert, den der PDS-Spitzenfunktionär Pietro Folena in einem Interview des Mailänder „Corriere della Sera" als „einen eindeutigen Bruch mit den Regeln der Demokratie und der Stadt Palermo" bezeichnete.

Orlando hatte Anfang Dezember 1996 mit einigen Arbeitslosen das Rathaus besetzt, um den Stadtrat unter Druck zu setzen. Der Bürgermeister als Rathausbesetzer gegen die eigene Rathausmehrheit, ein seltener Fall, der wiederum nur beweist, wie sehr Orlando letzlich unpolitisch denkt und handelt, wenn er glaubt, ein Ziel notfalls mit der Brechstange erreichen zu können.

Den Ex-Kommunisten reichte dies jedenfalls. Folena: „Palermo braucht weder einen Retter des Vaterlandes noch einen Helden, noch einen Mann der Vorsehung. Gott bewahre uns vor Männern der Vorsehung, gleich welcher Art und Couleur." Er erkannte zwar an, daß Orlando einen unvergleichlichen Beitrag im Kampf gegen die Mafia leiste. „Er darf deshalb auch nicht isoliert werden. Aber das Mißmanagement im Rathaus muß aufhören."

Orlando suchte allerdings nicht in der später von ihm selbst als unklug bedauerten Aktion die Ursache für den offenen Bruch. Er sieht einen Wandel bei den Linksdemokraten, die sich heute wie die traditionellen Machtparteien gebärdeten. Schuld daran sei der neue starke Mann der PDS, Massimo D'Alema.

Der PDS-Parteichef gilt als einer der kommenden Spitzenpolitiker Italiens. Nicht wenige setzen auf ihn als eine Alternative zur Rechten, wo ein Mann wie Gianfranco Fini ein großes Bündnis schmieden könne. D'Alema könnte aus den vielen linken Parteien dagegen eine große Linkssammlung schaffen. Das derzeitige Bündnis im Zeichen des Ölbaums (Ulivo) mit Ministerpräsident Romano Prodi an der Spitze scheint diesen Beobachtern zufolge nur eine Übergangsform zu sein.

D'Alema und Fini teilen aber einen Nachteil. Der eine war kommunistischer Spitzenfunktionär, der andere neofaschistischer. In einigen Jahren erwiesener demokratischer Zuverlässigkeit im Parlament dürfte dies aber für die Wähler keine Rolle mehr spielen. Beide sind wie Orlando noch keine Fünfzig. Das Rennen ist also offen. Beide verkörpern allerdings auch das politische Erbe der Ersten Republik. „Wirklich neues politisches Verhalten zeigen sie nicht. Eine wirklich zweite Republik kann Italien mit ihnen nicht machen", resümiert Orlando, zumal hinter D'Alema noch immer ein Parteiapparat steht, der „den Italienern mehr Angst macht als der Kommunismus des Altkommunisten Bertinotti", der mit seinem Häuflein von Altkommunisten der Regierung Prodi das Handeln erschwert. Ohne sie fehlt Prodi die Regierungsmehrheit.

Für Orlando war das Ölbaum-Bündnis schon tot, als die PDS ihm die Gefolgschaft aufkündigte. Er werde auch allein antreten können. „Die Stadt wird darüber entscheiden." Im April 1997 urteilt das linksorientierte römische Nachrichtenmagazin „L'Espresso": „Leoluca Orlando streitet sich mit D'Alema, hat mit den Grünen und der PDS in Rom wie in Palermo gebrochen. Und La Rete, die mutige Anti-Mafia-Bewegung? Sie ist nur noch ein persönliches Etikett, die durch einen Rest von Stolz noch am Leben gehalten wird. Kürzlich erklärte Orlando, wer in Sizilien Wahlen gewinnen will, muß von Klientelismus frei sein und eine klare Alternative bieten."

Am Ende des Kommentars stellt das Blatt trocken fest: „Der Frühling von Palermo ist nur noch ein Komma in den Geschichtsbüchern. Orlandos rhetorisch-sentimentale Politik verführt niemand mehr. Dennoch kandidiert er erneut, allein, wie er eben ist."

Die Gespräche in den Bars wecken tatsächlich mehr Skepsis als Hoffnungen. „Gewinnen kann er nur, wenn die Gegner die falschen Kandidaten aufstellen." Gemeint ist, wenn Politiker sich präsentieren, die nicht klar genug von der Mafia getrennt werden können.

Das hat Orlando auf jeden Fall erreicht. Die Stadt ist „normaler", und die Aussicht, einen mafiosen Kandidaten wieder zum Bürgermeister zu wählen, ist wenige Monate vor dem Urnengang für die meisten Palermer unvorstellbar. Das Bewußtsein hat sich dank Orlando so weit schon verändert.

Auch im Alltag spüren die Menschen viele kleine Fortschritte. Die Busse verkehren regelmäßig. Die Verkehrspolizisten arbeiten und tragen Uniformen statt Zivil. Selbst die Gartenanlagen werden gepflegt, und im Ruinenfeld der Altstadt schaufeln und pflastern Arbeiter vor sich hin. Sie gehören zu einer Kooperativen, einer Genossenschaft aus ehemaligen Sträflingen, die zwar nur geringen Lohn erhalten, aber doch mit Arbeit den Weg zurück in die Gesellschaft versuchen. Eine Initiative von Orlando.

In der Stadtverwaltung sind sogar nachmittags die Büros besetzt. Die Brunnen speien Wasser und neben vielen vergammelten Lokalen mit heruntergelassenen Gittern haben einige Kneipen wieder geöffnet. Selbst das Teatro Massimo, eines von Europas größten Opernhäusern, das sich um den ersten Rang mit Wien und Paris stritt, wird wieder betrieben. Eine Geschichte für sich, die alle Ingredienzien sizilianischer Verwicklungen in sich trägt.

Am 16. Mai 1897, vor genau hundert Jahren, hebt sich zum ersten Mal der Vorhang in dem neoklassizistischen Prunkbau. Ein noch kaum bekannter Sänger gibt eines seiner ersten Gastspiele in der Oper „Falstaff" von Verdi. Es ist Enrico Caruso, der wohl berühmteste italienische Tenor. Das „Massimo" wird zur Wallfahrtsstätte des neuen Bürgertums, bis zum 19. Januar 1974. Nach einer Aufführung von Verdis „Nabucco" fällt der Vorhang für eine Pause, um dringend erforderliche Reparaturen vorzunehmen. In drei Monaten sollte es bereits weitergehen. Verdis „Flieg, Gedanke" verhallt jedoch für 23 Jahre in dem leeren Riesenrund. Der Zustand des Hauses erwies sich als so schlecht, daß der ganze Komplex für Milliarden Lire restauriert werden muß. Die Mafia läßt sich den Auftrag nicht entgehen.

Das Bauunternehmen Sageco, das von dem mafiosen Christdemokraten Salvo Lima kontrolliert wird, kassiert und kassiert. Am Bau geschieht nichts. Der Leiter des Unternehmens, Luigi Ranieri, wird 1989 von der Mafia ermordet. Die Hintergründe bleiben bis heute unklar. „Sie stecken wohl in den Kellern des Massimo", vermutete die linke römische Tageszeitung „La Repubblica".

Bewegung kommt in die Bauarbeiten, als Leoluca Orlando in seinem „Frühling von Palermo" die baldige Wiederherstellung des Theaters angeht. Um trübe Aufträge zu vermeiden, beschließt er die Zuständigkeit für das Theater der Stadt Palermo zu entziehen und auf die Region zu übertragen.

Das ist eine Version. Die andere wirft ihm vor, zur Rettung des Theaters einen politischen Frieden mit Lima geschlossen zu haben, Andreottis Statthalter in Palermo, dessen enge Beziehungen zur Mafia in diesem Jahr 1986 immer deutlicher wurden. Acht Jahre später sind jedenfalls die Fortschritte am Theaterbau zu erkennen. Besucher wundern sich bereits, daß die Absperrungen nicht mehr so rigoros sind und in der Vorhalle bereits Ausstellungen zu sehen sind.

Orlando hat das „Massimo der Schande", das „Höchste der Schande", wie die Zeitungen schrieben, oder die „mafiose Pest", wie Orlando selbst formulierte, besiegt. Am 12. Mai 1997 dirigierte der Italiener Claudio Abbado die Berliner Philharmoniker zur Wiedereröffnung mit der ersten und dritten Sinfonie von Brahms.

Zuvor taufte der einheimische Dirigent Franco Mannino das wiedererstandene Massimo mit Verdis „Va pensiero – Flieg Gedanke", aus „Nabucco", mit dem vor 23 Jahren die letzte Saison beendet worden war, und einer Reihe volkstümlicher Opernmelodien. Leoluca Orlando saß tief bewegt, den Tränen nahe, in der Ehrenloge.

Vielfältige Anerkennung für Orlandos Palermo: Das Staatsfernsehen RAI übertrug das Fest, zu dem Parlamentspräsident Luciano Violante nach Palermo gekommen war, direkt. Claudio Abbado würdigte die zu neuer Blüte emporgestiegene Kunststadt Palermo, aus der seine Mutter stammte. Die Berliner Philharmoniker sprachen von einer besonderen Ehre, daß sie zu diesem historischen Ereignis eingeladen worden sind, ihr erstes Gastspiel auf Sizilien überhaupt.

Der strahlende Held im Mittelpunkt der Aufmerksamkeit: Leoluca Orlando – und das nicht nur wegen des festlichen Glanzes an diesem Tag. Er wollte das internationale Aufsehen für sich besonders nutzen. Erstens standen die Bürgermeisterwahlen im November dieses Jahres auf der Tagesordnung. Er konnte mit dem „Massimo" an den Stolz der Palermer appellieren, ein Wahlargument, das ihm wichtiger erschien als mancher politische Diskurs oder Parteienallianz.

Zweitens brauchte er aber auch das internationale Ansehen, an dem er seit Jahren arbeitete, eine Woche später. Am 18. Mai stand er wegen des „Massimo" vor Gericht zusammen mit weiteren Angeklagten. Höchstes Paradoxon auf sizilianisch. Orlando hat das Theater gerettet und muß sich gerade deshalb vor Gericht verantworten.

Die Staatsanwaltschaft ermittelte gegen ihn wegen Amtsmißbrauchs, weil er die Zuständigkeit für das Theater 1986 der Region übertragen hatte. In erster Instanz wurde Orlando bereits freigesprochen. Doch ein eifriger Staatsanwalt ließ nicht locker, strengte ein Berufungsverfahren an, bekam recht und durfte jetzt Orlando erneut vor die Schranken des Gerichts bringen. Der Verdacht, daß es sich nicht nur um eine Frage der Rechtsstaatlichkeit handelt, liegt nahe. Orlando nahm die Vorladung gelassen. Er ist es gewohnt, daß ihm alle erdenklichen Hindernisse in den Weg gestellt werden.

Zudem beschuldigten ihn angebliche Lokalpatrioten, die Arbeiten nur deshalb forciert zu haben, damit das Kulturfest rechtzeitig zum Wahlkampf starten konnte. Außerdem hätte es statt Abbado auch ein lokaler Orchesterchef getan. Kein Argument ist den Orlandogegnern zu dumm, um ihn zu diffamieren.

Das Teatro Massimo ist jedoch nicht das einzige Juwel, das Orlando wieder zum Glänzen brachte. Am 25. Juli 1995 konnte Palermo die Rettung einer vom

Verfall bedrohten Kirche feiern: Santa Maria dello Spasimo und das ehemalige Krankenhaus Principe Umberto. Die Krankenhauskirche stammt aus dem 16. Jahrhundert. Ihr Dach fiel schon im folgenden Jahrhundert zusammen. Seither blieb die Kirche als Ruine stehen. Der Name wird von einem Bild von Raffael abgeleitet. Im benachbarten Krankenhaus wurden alte, unheilbar kranke und geisteskranke Menschen untergebracht. Das war bis vor etwa zwanzig Jahren noch so. Dann wurde auch dieser Teil des Altstadtensembles aufgegeben.

Einige Teile dienten danach gerade noch als Abstellkammern. Die Halbruine in der Kalsa, dem alten Hafenviertel, drohte völlig zu zerfallen. Orlandos Stadtverwaltung ermöglichte die Wiederherstellung. Heute setzt sie mit Ausstellungen und Konzerten im offenen Kirchenschiff ein Zeichen, daß selbst im vernachlässigsten Teil der Stadt noch nicht alles verloren ist.

Orlando erzählt von diesem „Spasimo" ganz besonders gern, denn die Geschichte der Wiederherstellung verlief noch mehr als beim Massimo nach einem eigenwilligen Plan und „ließ Palermo wieder das Haupt erheben", wie Zeitungen kommentierten.

Das neue Spasimo sollte 1990 mit einem Klavierkonzert mit acht Pianos eröffnet werden. Vorgesehen war dazu der freie Platz vor dem Gemäuer. Am Abend vor der Feier, einem Samstag, wurde Orlando informiert, daß die Bühne angezündet worden war. Eine Reparatur war auf die Schnelle nicht zu schaffen. Der Bürgermeister rief seinen Freund und Amtskollegen Enzo Bianco in Catania an. Der stellte eine Ersatzbühne zur Verfügung, die am Sonntag gegen 06.00 Uhr in Palermo eintraf.

Das Konzert wurde ein großer Erfolg. Im Publikum saß der Staatsanwalt Paolo Borsellino, der nur wenige

Meter entfernt geboren worden war. Ihm stand die Rührung über die Wiedergeburt eines Teils seiner engsten Heimat ins Gesicht geschrieben. Am Tag danach stürzte allerdings ein Stück Mauerwerk des Spasimo ein, und das Gebäude mußte wieder für Restaurationsarbeiten geschlossen werden.

Wenige Monate später mußte Orlando seinen Sitz als Bürgermeister von Palermo räumen. Im Spasimo rührte sich nichts mehr. Erst fünf Jahre später konnte dort das Kulturprogramm wieder aufgenommen werden. Die Arbeiten dazu kosteten weitaus weniger als vorher geschätzt worden war, weil Orlando in seiner zweiten Amtszeit als Stadtoberhaupt eine Initiative zur Arbeitsbeschaffung und Resozialisierung verwirklicht hatte.

Eine Genossenschaft von ehemaligen Strafgefangenen übernahm die Bauarbeiten. Sie wurde geleitet von einem gewissen Filippo Abbate. Orlando stellte ihn bei der neuerlichen Eröffnung den Ehrengästen vor, darunter Richter und Carabinieri-Offiziere. Die Präsentation entbehrte nicht eines besonderen Reizes. Die Herren kannten sich alle – aus vergangenen Prozessen.

„Heute ist das Fest dieser Arbeiter", würdigte Orlando die Ex-Gefangenen-Genossenschaft angesichts eines stolzen Filippo Abbate. Der wurde nicht müde zu erzählen, wie dankbar er dem Bürgermeister sei. „Wenn ich heute nach Hause gehe und meine Kinder treffe, brauche ich mich nicht mehr zu schämen. Bevor ich Orlando traf, war ich Abbate Filippo, so wie es in den Polizeiakten heißt. Jetzt bin ich Filippo Abbate."

Im folgenden August verunglückte Abbate bei einem Verkehrsunfall zusammen mit seiner Frau und zwei Kindern auf der Sonnenautobahn tödlich. Nach Bekanntwerden des tragischen Ereignisses besuchte Orlando die Hinterbliebenen in der Kalsa. Die enge Straße war schwarz von Menschen. Ein ganzes Stadtviertel trauerte. Er umarmte die Mutter, die ihm danach bekannte: „Filippo verehrte Sie. Sie haben ihn davon überzeugt, daß er arbeiten mußte. Er hat gearbeitet und ist gestorben. Meine beiden anderen Söhne, Giovanni und Gino, stecken dagegen im Gefängnis. Bürgermeister, aus dem Gefängnis kommt man wieder heraus, vom Tod aber nicht."

Die Schwester wandte sich Orlando mit den Worten zu: „Es wäre gerecht, wenn meine beiden Brüder an der Beerdigung teilnehmen könnten." Orlando ging zum Polizeichef. Der schien von der Bitte kaum angetan. Einer der beiden Brüder hörte auf den Spitznamen „Gino Mitra", Gino die Maschinenpistole. Der Name sagte alles über die Gefährlichkeit dieses Abbate-Bruders.

„Mir ist es egal, ob dieser Abbate-Bruder wirklich der Mitra-Gino ist. Ich weiß nur, daß wir jedes Vertrauen bei diesen Mitbürgern verlieren, wenn wir nicht zeigen, daß der Staat auch ein menschliches Antlitz hat", insistierte Orlando, damit ein Weg gefunden würde, diese gefährlichen Verbrecher doch zur Beisetzung seines Bruders kommen zu lassen.

Am übernächsten Tag rief der Polizeipräsident beim Bürgermeister an und versicherte, allerdings mit spürbarer Unruhe in der Stimme, daß eine Chance gefunden worden sei. Wenige Stunden später sollte die Trauerfeier stattfinden. Als die Särge im Kalsa-Viertel aufgenommen wurden, reihte sich Orlando ein und trug den Sarg des Filippo Abbate bis zur Feier im Spasimo mit. Am Ende des Trauergottesdienstes las der Pfarrer einen Brief von Gino Abbate aus dem Gefängnis vor: „Beim Bürgermeister und allen Anwesenden bedanke ich mich für die Anteilnahme, die sie meiner Familie gezeigt haben." Orlando machte unter den Trauernden seine Mitarbeiterin Laura Cassarà aus, deren Mann Ninni 1985 als stellvertretender Polizeichef von Palermo vom Mafia-Clan der Cosa Nostra ermordet wurde. Mit Sicherheit konnte sie davon ausgehen, daß der Mörder irgendwo in dieser Trauergemeinde stand, möglicherweise mit Tränen in den Augen über den Tod eines anderen, der seinesgleichen war. Das war auch Gino Mitra, der tatsächlich zum Schluß der Feier in Ketten gefesselt hereingeführt wurde, damit auch er sich von seinem toten Bruder verabschieden konnte.

Orlando nahm all diese Umstände als Beweis dafür, daß die bisherige Hauptstadt der Mafia wandlungsfähig sei. Das sizilianische Sprichwort gelte nicht mehr, wonach „wer rund geboren wird, nicht viereckig sterben kann". Niemand sei heute mehr dazu verurteilt, als Gauner zur Welt zu kommen und als Gauner zu sterben.

Das Spasimo wurde Orlando zum Symbol dieser neuen Wirklichkeit, die ihn auch persönlich mehr änderte, als er lange Zeit wahrhaben wollte. Ein Richter bat ihn nach der Trauerfeier: „Wenn Sie weitere ähnliche Fälle kennen, geben Sie mir bitte Bescheid. Wir müssen den Leuten klarmachen, daß wir nicht nur diejenigen sind, die die Verurteilten ins Gefängnis stecken. Wir sind auch diejenigen, die sie wieder zur Beerdigung eines Bruders herauskommen lassen."

Erst lange Zeit nach der Beisetzung wurde Orlando bewußt, daß der Jurist in ihm in der Vergangenheit zu sehr die Notwendigkeit der Legalität über die Werte der individuellen Freiheit gesetzt hatte.

Der Wandel ist also möglich. Doch all diese unbezweifelbaren Fortschritte sind nur Tropfen auf den heißen Stein. Vor allem warten die jungen Palermer auf Arbeitsplätze. Kulturprogramme lösen ihre Probleme nicht. Die Aussichten auf Arbeit sind mit oder ohne Orlando düster. Die Arbeitslosigkeit liegt im ganzen italienischen Süden bei 30 Prozent. Von den Jugendlichen haben noch mehr keinen Job.

Geld müßte für ein Programm zur Arbeitsbeschaffung eigentlich da sein, denn die Europäische Union stellt für Entwicklungsprojekte, wie sie Palermo braucht, Mittel zur Verfügung. Daß sie nicht fließen, verstehen die Palermer immer weniger. Schon kursiert das böse Wort von Leoluca dem „grande latitante", dem großen Abwesenden.

Auf den Fremden klingt dies nur spöttisch. In Italien hat der Begriff eine doppelte Bedeutung. Der Latitante ist auch der untergetauchte Verbrecher. „Ich mag ihn ja noch immer so gern, den Ragazzo, aber er wird gleichzeitig zu einer meiner größten Enttäuschungen meines Lebens", bekannte die 57jährige Mariapia D'Averio dem Italienkenner Werner Raith. Er zitierte die Hausfrau in einer Bestandsaufnahme des aktuellen Palermo als typisches Beispiel für Orlandos Verlust an Ansehen. Ein Student, der 21jährige Bernardo Orfanto, bekannte ihm sogar, daß er „heute nicht mal mehr den Fernseher einschalten mag, wenn der redet – und dabei habe ich früher keine Demo für ihn ausgelassen."

Die Journalisten reisen wieder mehr nach Palermo. Der Prozeß gegen Andreotti ist ein fester Termin. Aber auch die Entwicklung der Stadt des Leoluca Orlando lockt sie an: Die Italiener und die in Italien lebenden Auslandskorrespondenten, um über die Demontage eines Denkmals, Orlando, zu berichten, die aus dem Ausland angereisten Reporter, um den Anti-Mafia-Politiker zu interviewen. Die große Zeit der Mafia mag in Palermo vorbei sein. Im Ausland scheint sich der Krake aber immer mehr breitzumachen. Da ist Orlandos Meinung gefragt.

24. Das Trauma vom Lungenkrebs

Mit bald 50 Jahren machte Leoluca Orlando eine seltsame Entdeckung. Er bemerkte, daß man mager, athletisch und dennoch intelligent sein konnte. Von seinen Eltern hatte er als guter Katholik gelernt, daß „Körper Sexualität ist, und Sex ist Sünde. Deshalb war für mich auch klar, daß wenn einer dick ist, er auch intelligent ist, ein Magerer mußte dagegen dumm und sündhaft sein."

Orlando hatte diese „katholische Entschlackung spät, aber nicht zu spät" hinter sich gebracht. Der Ort war eine Kurklinik in Brixen in Südtirol. Es war Frühling 1995, und der Bürgermeister von Palermo hatte einen seiner schwierigsten Lebensabschnitte gerade hinter sich. 19 Kilogramm Gewicht blieben dabei auf der Strecke, und er fühlte sich hernach „wie neugeboren".

Am Jahresanfang war er mit Bronchitis und einer Lungenentzündung ins Krankenhaus eingeliefert worden. Die Ärzte vermuteten wochenlang Lungenkrebs. „Ich glaubte schon, meine letzte Botschaft in der Flasche behalten zu müssen." Als sich der Verdacht dann schließlich doch nicht bestätigte, schickten sie ihn zur Rundumsanierung nach Brixen. Dort erholte sich Orlando so schnell, daß es ihn schon nach fünf Tagen nicht mehr am selben Ort hielt. Er rief den behandelnden Professor und erläuterte ihm: „Seien Sie mir nicht böse. Aber ich gebe hier einen Haufen Geld aus, um nichts zu essen. Das mache ich doch lieber umsonst daheim."

So unlogisch ihm die teure Verzichtkur vorkam, so

widernatürlich sah er plötzlich auch sein Privatleben. „Es ist doch nicht normal, nicht daheim zu schlafen, nicht bei Tisch zu essen, keine täglichen Kontakte zur Ehefrau und den Kindern zu haben. Welche Glaubwürdigkeit konnte ein Politiker haben, der behauptet, er wolle eine normale Stadt aufbauen, wenn er ein Leben führt, das alles andere als normal ist?" Nicht nur Palermo suchte die Normalität. Auch Leoluca Orlando wollte sie endlich mit seinen Nächsten leben. „Ich bin geheilt, ich habe die Wärme der Familie entdeckt und will mich auch etwas mehr um meinen Körper kümmern." Ihm gingen viele Dinge durch den Kopf, „alte und neue, dabei habe ich die Sizilianität, das Typische des Sizilianers und seiner Welt, als einen Wert entdeckt, den ich jahrelang mißachtet hatte".

Im folgenden Sommer machte Orlando zum ersten Mal halbwegs normalen Urlaub mit seiner jüngeren Tochter, Leila, auf Korsika. Ihm fiel plötzlich auf, daß er mit ihr noch nie zum Essen in ein Restaurant ausgegangen war, daß er sie noch nie beim Einkaufen begleitet hatte, fast so, als „hätte meine Frau mir unsere Töchter verheimlicht", scherzte er. Zwei Wochen lang teilte er mit Leila die alltäglichen Feriendinge und fühlte sich beschenkt wie nie zuvor.

Nach dem Ausflug nach Korsika stand ein Besuch in München auf dem Programm. In der Hotelhalle traf er aufgeregte Polizisten an. „Ein Mädchen ist da und behauptet, Ihre Tochter zu sein. Wir haben sie in einem anderen Hotelteil untergebracht." Kurz darauf wurde Orlando mit dem Mädchen konfrontiert. Es war seine ältere Tochter Eleonora, die in Salzburg an einer Fotoschule studierte.

Die 21jährige wollte ganz normal ihren Vater im nahen München treffen und war mit dem Rucksack in die bayerische Landeshauptstadt gefahren. Das Treffen war kurz und herzlich, viel zu kurz. Doch danach konnte sie ihrem Vater stolz vermelden, daß „sie mich jetzt in einem viel schöneren Zimmer untergebracht haben".

Orlando hatte seine beiden Töchter immer dazu bewegen wollen, von Palermo wegzugehen. Nicht nur aus Gründen der Sicherheit, sondern auch um neue Erfahrungen zu sammeln, sollten sie in die Fremde gehen. Beide folgten dem väterlichen Rat nicht oder nur widerwillig. Eleonora, die künstlerisch begabte größere Tochter, zog erst nach Salzburg, nachdem die Beziehungen zu ihrem Vater sich gebessert hatten. Beide Töchter litten unter der von den Sicherheitsvorkehrungen aufgezwungenen Distanz zu ihrem Vater und wollten gerade deshalb nicht weit weg von ihm leben.

Leila, die jüngere, ließ sich zwar zum Besuch einer ausländischen Schule überreden. Doch mit 17 Jahren eröffnete sie ihrem Vater, daß sie einen ganz großen Traum habe. Sie wolle ein altes Haus der Familie in Corleone, der Hochburg des Riina-Mafia-Clans, restaurieren. Orlando hatte das Haus seit seinem 15. Lebensjahr nicht mehr betreten. Es steht in der offenen Landschaft 500 Meter von jener Stelle entfernt, wo der Supermafioso Luciano Liggio seinen Rivalen Michele Navarra erschossen hat.

In diesem Sommer 1995 nach dem überwundenen Trauma des Lungenkrebses beschloß die Familie auch, das Haus in der Via Dante zu beziehen. Im Frühjahr darauf nahm sie dann von dem leicht angestaubten Familienpalast wieder Besitz.

Orlando übernachtete in Rom auch nicht mehr in einer Carabinieri-Kaserne und bedauerte heimlich, daß er sein schönes Appartement in der Nähe des Pantheons aufgegeben hatte, gleich neben der Magdalenen-Kirche in einer der schönsten Ecken des historischen Zentrums. Statt dessen zog er sich fortan bei Rom-Besuchen zum Übernachten in ein umbrisches Dorf zurück. In der halbwegs gesicherten Anonymität konnte er es sich dort sogar leisten, Pilze zu suchen.

Orlandos Frau hielt sich die ganzen Jahre über so sehr im Hintergrund, daß die meisten Palermer gar nicht wußten, wie die Frau ihres Bürgermeisters überhaupt aussah. Im Sommer 1995 lebte sie ständig in Palermo, weil ihre Mutter ins Krankenhaus eingeliefert worden war. Eines Tages fiel es Orlando ein, seine Frau und die Schwiegermutter im Poliklinikum zu besuchen. Ärzte und Schwestern nahmen es fast fassungslos zur Kenntnis, welch prominente Kranke sie versorgten.

Am Ende des Jahres stellte Orlando fest, daß er sich gewandelt und daraus enorme Kraft geschöpft hatte, „genauso wie sich Italien radikal geändert hat. Die Werte", so bilanzierte er, „haben sich nicht verändert. Sie werden heute nur anders gelebt." Am Jahresende steht aber auch ein nachdenkliches Bedauern. „Es gibt keine wirklich Großen mehr. Überall fehlt es an Meistern, beim Film, in der Literatur, in der Musik. Es gibt keine Intellektuellen mehr, die Schule machen." Nicht einmal in der Politik oder dort schon gar nicht, erinnert sich Orlando und trauert den großen Zeiten „im Guten wie im Bösen" nach, als der Republikaner Ugo La Malfa, der Reformkommunist Enrico Berlinguer, der Staatsmann Aldo Moro, aber auch die christdemokratischen Meister der Taktik Amintore Fanfani, Arnaldo Forlani und Giulio Andreotti noch die politische Szene beherrschten.

„Das waren Meister der Politik", gesteht Orlando selbst seinem Erzfeind Andreotti zu. Nirgends, so befand Orlando, gibt es noch „Politiker, die auf der Höhe der Probleme ihrer Zeit stehen".

25. Ein moderner Friedrich II.

Ein kleines Büro im zweiten Stock des Abgeordnetenhauses neben dem Europapalast in Straßburg. Der Blick schweift hinunter zur Ill, wo Rundfahrtschiffe still ihre Bahn ziehen, hinüber zum Neubau des Europäischen Parlaments. In dem einfach ausgestatteten Büroraum mit einem Schreibtisch, zwei Sesseln, einer schmalen Schlafcouch, einem Standardbücherregal und einem WC-Abteil arbeitet Leoluca Orlando jeden Monat eine Woche lang.

Dann klingeln fast ständig zwei Tischtelefone, unterbrochen durch das Schrillen der beiden Handys und dem ratschigen Tickern des Faxgerätes. Die Presseschau aus dem Rathaus von Palermo kommt schon gleich nach 9.00 Uhr herein. Heute erfährt Leoluca Orlando, daß die Linksdemokraten von der PDS möglicherweise mit der Berlusconi-Partei Forza Italia einen gemeinsamen Kandidaten bei den Bürgermeisterwahlen im November 1997 gegen ihn aufstellen werden.

„Etwas Besseres kann mir kaum passieren", kommentiert Orlando, der sich selbst als Unabhängiger die meisten Chancen zur Wiederwahl ausrechnet. Forza Italia habe auf Sizilien die eigentliche Nachfolge der Christdemokraten angetreten. Wer sich mit ihr einlasse, der müsse sich auch gefallen lassen, mit der alten mafiosen DC verglichen zu werden. Doch einen Bürgermeister aus dieser Richtung kann sich keiner in Palermo mehr vorstellen, meint Orlando.

Was passiert aber, wenn er nicht mehr Bürgermeister von Palermo wäre? Er kann sowieso nur einmal noch wiedergewählt werden. Dann muß er von Gesetzes wegen auf das Amt eines Stadtoberhauptes verzichten.

Auf dem Bildschirm in der Ecke des Regals erscheint der Plenarsaal des Europäischen Parlaments, die Märzsitzung. Es geht um das Verbot des Klonens von Menschen. Orlando muß zur Abstimmung. Noch schnell gibt er eine Antwort, die er schon mal ähnlich formuliert hat und die weit in die Zukunft weisen kann: „Ich genieße Erfolge nie. Kurz bevor ich einen Erfolg habe, bin ich in Gedanken schon woanders, weit voraus, jedenfalls nicht da, wo man mich vermutet."

Der Europa-Abgeordnete eilt davon, und kurz darauf erfaßt ihn die Saalkamera. Leoluca Orlando hat sich der Fraktion der Grünen angeschlossen und sitzt bei den Vollversammlungen gleich hinter dem deutsch-französischen Multi-Kulti-Talent Daniel Cohn-Bendit, dem „roten Danny" der 68er von Paris und Frankfurter „Pflasterstein"-Journalisten.

Kaum erscheint das Abstimmungsergebnis auf dem Bildschirm, steht Orlando auch wieder in der Tür seines Büros, selbst im Saal hat er immer wieder zum Handy gegriffen. Palermo ruft ihn immer wieder, aber auch Termine müssen zwischendurch in halb Europa abgesprochen werden. Vor allem im Mittelmeerraum ist er viel unterwegs, weil kein Grüner diese Regionen im Straßburger Parlament sonst vertritt.

Woran denkt Orlando, wenn er eine Zeit „nach Palermo" anvisiert, also wirklich? Er nimmt den vor der Abstimmung unterbrochenen Faden gleich wieder auf und entwickelt ein neues Konzept internationaler Politik. „Je stärker Europa zusammenwächst, je mehr europäisiert wird, desto mehr nimmt das Gewicht der Nationalstaaten ab", doziert er. Brauchen wir sie dann eigentlich noch, oder sind es andere Größen, die zu den eigentlichen Lebensräumen der Menschen werden?

„Für mich ist Rom nur noch ein Umsteigeflugplatz", kokettiert er, nachdem er sein Mandat als Parlamentsabgeordneter abgegeben hat. Er will Bürgermeister von Palermo sein und im Europäischen Parlament in Straßburg wirken. Eine nationale Karriere schließt er, zumindest in diesem Augenblick, aus. Ein drittes Mandat läßt Italiens Gesetzgebung nicht zu.

Orlando schwärmt von einer neuen europäischen Ordnung. Seine Erfahrung an der Spitze von Palermo hat ihn den Lebensraum Stadt intensiv erleben lassen. Er identifiziert sich mit seiner Heimatstadt und nicht mit Sizilien oder der Republik Italien. In Palermo hat er einen Kampf gegen die Mafia in einer so großen Autonomie geführt, daß ihm „seine Stadt" wie eine kleine Stadtrepublik selbst vorkommt.

Historische Vergleiche drängen sich ihm auf. „Die Stadt wird mit ihrem Umfeld der Lebensraum des Menschen der Zukunft sein." Und als Beispiel nennt der Palermer Orlando die mittel- und nordeuropäischen Hansestädte.

Er sieht sich damit mit mehreren italienischen Soziologen in einer Linie. Sie fordern, die Globalisierung der Wirtschaft durch eine Globalisierung der Politik zu ergänzen. Das werde nur in überstaatlichen Gebilden möglich sein. Diese wiederum könnten keine Identität schaffen. Man kann sich, so die Logik, als Europäer fühlen, aber identifizieren werden sich die Menschen mit ihrem Lebensraum, und das werde ihr Wirtschaftsraum sein und kein staatliches Gebilde.

Orlandos überzeugendstes Argument ist eine Liebeserklärung an seine Heimatstadt: „Es gibt nichts Schöneres aus Menschenhand als die Stadt. Sie ist ein ewiges Werk des Menschen. 85 Prozent der Menschen leben in

Städten. Städte sind ewig. Politische Organisationen wie Staaten sind zeitlich. Wir müssen die Städte wieder lebenswert machen, genauso wie Palermo heute nicht mehr die triste Stadt von vor zwanzig Jahren ist. Wir müssen frohe Städte bauen."

Wenn die Mehrheit der nationalen Gesetze beispielsweise an die Europäische Union abgegeben sein wird, was in Orlandos Einschätzung unvermeidlich werden wird, soll die europäische Antwort auf die Globalisierung funktionieren, dann werden die Orte, in denen man sein Leben überschaut, wo man sein Geld verdient und wo man seine freundschaftlichen Beziehungen pflegt, wo ein neues Gefühl der Heimat entsteht, die neuen politischen Einheiten sein. Das können nur die kleineren Wirtschaftsräume bringen; ob die nun Länder, Regionen oder Großstadtverbände sind, ist eine reine Frage der Definition.

„Der klassische Nationalstaat hat sich überlebt", sagt nicht ein Internationalist oder vaterlandsloser Nachkriegsdeutscher, der sich seines Deutschseins schämt. Es ist die Aussage eines glühenden Patrioten aus Sizilien, der noch ein zweites Mal überrascht, als er sein persönliches Zukunftskonzept entwickelt. Sein Vorbild sind nicht etwa die Herren der Renaissance-Stadtrepubliken Italiens, die die blühendsten Epochen der italienischen Geschichte markieren. „Ich wäre gerne ein moderner Friedrich II.", bekennt Orlando. Der Staufer war jener deutsch-italienisch-sizilianische König in Palermo, der Abendland und Orient versöhnte und mit dem Sizilien seine letzte große Blüte erlebte.

Träume? Selbst seine schärfsten Kritiker, die eher dazu neigen, sein Charisma als Spinnerei abzutun, räumen ein, daß Orlando für Palermo erreicht hat, was sich ein Jahrzehnt zuvor niemand auszumalen gewagt hätte. Die Mafia ist zwar noch immer präsent. „Sie investiert nicht mehr in Palermo. Sie scheint sich eher aus der Stadt zurückgezogen zu haben", erkennen Freund und Feind an. Selbst die neue Mafia, die sich im verborgenen aufgebaut hat, nachdem führende Köpfe verhaftet worden sind, kann sich in Palermo und seinem Hinterland nicht mehr sicher fühlen. Eine Woche vor der feierlichen Wiedereröffnung des Teatro Massimo nahm die Polizei gleich elf Mafiosi in Palermo und Corleone fest, die die neue Führungsgeneration hätten werden sollen.

Der große Bogen vom mittelalterlichen Friedrich zum Stadtromantiker des nächsten Jahrtausends mag dennoch zu weit gespannt zu sein, auch für einen Visionär wie Leoluca Orlando.

Das Gespräch führt denn auch bald vom fernen Zukunftskonzept des verstädterten Europas zu der näheren Zukunft Italiens zurück. Auf dem Höhepunkt seiner Popularität 1993 konnte Orlando sich ausmalen, als Ministerpräsident in den römischen Palazzo Chigi einzuziehen. Hat er trotz gegenteiliger Bekenntnisse auf eine nationale politische Karriere doch noch nicht verzichtet?

Als ein halbes Jahr später nach den Märzwahlen zum römischen Parlament Silvio Berlusconi triumphierend ins Amt des Ministerpräsidenten zog, war La Rete vom Hoffnungsträger zur Splitterpartei geschrumpft. Orlando tröstete sich mit der Erfahrung eines deutschen Politikers, des ehemaligen Regierenden Bürgermeisters von Berlin, Willy Brandt. Der schaffte den Sprung ins Kanzleramt auch erst nach schweren Wahlschlappen.

Wie viele braucht Orlando noch? Im gegenwärtigen politischen Spektrum sieht Orlando nur geringe Aussichten. Was ist er? Bürgermeister von Palermo und Abgeordneter im Europa-Parlament, Mitglied der Grünen-Fraktion. Seine Bewegung La Rete hat zahlreiche Anhänger verloren. Der einstige Mitstreiter Nando

Dalla Chiesa hat sich eine eigene Partei zugelegt. La Rete selbst wurde umbenannt zu einer „Bewegung für die Demokratie La Rete" mit einem neuen Vorsitzenden und einem Ehrenpräsidenten Leoluca Orlando.

In Rom regiert 1997 ein Konglomerat von Linksparteien, das von Altkommunisten abhängt, die sich Kommunistische Neugründung nennen und der Regierung unter dem ehemaligen Christdemokraten Romano Prodi einschlägige Reformen erschwert. Prodi schließlich ist einer jener ehemaligen Gefährten Orlandos und noch heute mit ihm befreundet, die vor zwanzig Jahren ein Konzept für die Erneuerung der Christdemokratie ausgearbeitet haben – mit nur kurzzeitigem Erfolg.

Stärkste Kraft in Prodis Olivenbaum-Bündnis sind die Linksdemokraten der KPI-Nachfolgepartei KPI. Ihre PDS unter Parteichef Massimo D'Alema zieht die Strippen. Wenn der Dualismus zwischen D'Alema auf der Linken und Fini auf der Rechten aufgeht, dann werden sich die beiden als die Einiger der beiden großen Volksströmungen profilieren nach amerikanischem oder französischem Vorbild in zwei großen Volksparteien.

„Das ist dann aber nicht die zweite italienische Republik. Das ist nur eine weitere Variante der ersten. Fini und D'Alema denken und handeln in den alten Taktikmustern und Machtspielchen der ersten Republik", bilanziert Orlando. Er aber habe stets für ein Ziel gearbeitet, das nicht Macht heißt, sondern wirkliche Veränderung. „In Palermo ist mir das geglückt."

Es klingt trotzig an, daß ihm dies auch in Italien möglich sein könnte. Also doch Leoluca Orlando Ministerpräsident? Einer seiner kritischen Beobachter, der Politologe Giorgio Galli, teilte lange Zeit das Urteil der Orlando-Gegner, der Palermer habe längst den Kontakt zur Wirklichkeit verloren. Als er gebeten wurde, ein Vorwort für ein Interview-Buch mit Orlando zu schreiben, zögerte er gerade wegen dieser Einschätzung. Nach der Lektüre bescheinigte er ihm das Gegenteil. Das Buch konnte dann aber doch nicht erscheinen – wegen rechtlicher Bedenken.

Was Leoluca Orlando auch tut, er eckt an und liefert Angriffsflächen, die regelmäßig in Anzeigen und Anklagen enden. Bislang hat es ihm nicht geschadet. Er fühlt sich eher zu noch höheren Zielen bestimmt. In dieser Perspektive sagt Orlando dann auch im Frühjahr 1997 nicht mehr nein, in einer neuen italienischen Republik das oberste Regierungsamt zu übernehmen. Doch wann wird es in Italien diese neue, diese wirkliche Zweite Republik geben? Darauf hat auch er nur ein Achselzucken.

Im Brennpunkt

Hanspeter Oschwald
Giulio Andreotti – Aufstieg und Fall eines Mächtigen
Biographie
Band 4519

Die spannende politische Biographie. Geschrieben vom Auslandschef von FOCUS.

Hanspeter Oschwald
Abbé Pierre
Herausforderung für die Etablierten
Band 4415

Vom jungen Kämpfer der Résistance zum sozialen Gewissen der Nation - Abbé Pierres Kampf für die Schwachen, die Obdachlosen, die Randgruppen zeigt, wie einfach es sein kann, die drängenden Probleme zu lösen.

Christian Feldmann
Wir hätten schreien müssen
Das Leben des Dietrich Bonhoeffer
Band 4610

Eine farbig geschriebene Lebensgeschichte, die die zentralen Themen deutscher Geschichte der Hitlerzeit mit einer aufregenden Biographie verbindet.

Dalai Lama
Tibet – Ort der Götter, Land der Tränen
Hrsg. von G. van Grasdorff
Band 4497

Der Dalai Lama über die Vergangenheit, Gegenwart und Zukunft Tibets und über die Hoffnung auf eine Rettung dieser Kultur.

Doron Arazi
Itzhak Rabin – Held von Krieg und Frieden
Biographie
Band 4490

„Eine gediegene, kenntnisreiche Taschenbuch-Biographie, kein verlegerisch-kommerzieller Schnellschuß"(DIE ZEIT).

HERDER / SPEKTRUM